学2年の
級づくり
365日の
アイデア事典

玉置　崇
山田貞二
福地淳宏

編著

明治図書

購入特典・通知表所見文例データベースについて

　以下の注意事項を必ずご確認のうえ，下のＱＲコード，またはＵＲＬよりアクセスしてください。

※１　本データベースはスマートフォンでは使用できません。ＱＲコードの読み取りには，タブレット端末をご使用ください。

※２　本データベースを使用する際は，その都度ＱＲコードを読み取る，またはＵＲＬを入力してサインインしてください。ブックマークからはサンプル版にしかアクセスできません。

※３　本データベースは，明治図書出版が刊行する学習・生活記録『タイムくん』『スクログ』の教師用デジタルコンテンツとして提供されているデータベースと同一のものです。

※４　本データベースの提供は予告なく中止される場合があります。

URL　　　：https://s.meijitosho.co.jp/2dqy8xd
ユーザー名：254222
パスワード：bunrei02

はじめに

　私が大学の教育学部で教えている学生たちは，ほとんどが教員を目指しています。彼らと話をすると，「よい学級をつくりたい」という強い気持ちとともに，「学級が崩壊したらどうしよう」という不安を抱えていることがわかります。実際に教師をしている先輩からは，「授業づくりよりも学級づくりの方が難しい」という声をよく耳にするそうです。

　私は，授業の指導助言のために多くの学校を訪問しています。そのとき，教室に足を踏み入れた瞬間に，その学級の状況を直感的に感じ取ることがあります。教師と生徒の関係が良好で，学級ルールがしっかりと確立されているかどうかは，短時間で把握できるものです。そして，時には「このままでは学級が成り立たなくなるのではないか」と心配になるような学級に出会うことがあります。

　学級崩壊の原因は多岐にわたりますが，共通して指摘できるのは，担任教師の学級づくりに対する認識の不足です。基礎や基本を学ばず，計画性をもたないまま学級運営を行っている教師がいると感じます。

　現在，文部科学省の主導で GIGA スクール構想が進み，1人1台の情報端末を活用した授業づくりが求められるようになりました。特に，生徒個々が情報端末に自分の考えを入力し，互いにそれらを読み合い，学び合うことは，1人1台情報端末活用の好例だと言われています。こうしたことは，当然ですが，崩壊している学級ではできません。生徒間の人間関係がよく，安定した学級であってこそ実現できることです。よりよい学級づくりが，ますます求められるようになってきています。

この『中学２年の学級づくり　365日のアイデア事典』には，よりよい学級づくりに必要な基礎・基本が網羅されています。

　新任教師でも，ベテラン教師でも，安定した学級にするためには，年度はじめの学級づくりは特に重要です。例えば「早期に日直，当番，給食，清掃のシステムを確立し，それが１か月で学級に定着すれば，残り11か月は心配無用！」と言う教師もいます。この点を意識し，本書の冒頭から約80ページ，つまり全体の半分を使って，新たな学級を安定させるために役立つ様々なアイデアを紹介しています。

　また，熟練した教師が長年の経験に基づいて，新任教師でも理解しやすいように，具体的な指導アイデアを提供しています。特に新年度の最初の３日間のタイムテーブル，学級活動，教室でのトークについては，よい学級づくりのスタートに，大いに参考になるでしょう。

　さらに，各学期の活動や行事を踏まえて，教室でのコミュニケーションや学級活動の例を豊富に示し，教師が指導のポイントを見失うことがないように工夫されています。通知表の所見文例を含め，学期ごとの具体的なアドバイスも掲載しており，まさに「365日のアイデア事典」となっています。

　今回の企画・編集をしていただいた明治図書出版の矢口郁雄さんには，これまでも数多くの拙著を世に出していただいています。この本も，矢口さんのおかげでとても読みやすく，使いやすい本になりました。大いに自信をもって皆様におすすめできる，365日活用できる学級づくり本です。

2024年２月

玉置　崇

もくじ

中学２年担任として
大切にしたい５つのこと／010

中学２年の学級づくり

中学2年担任として大切にしたい5つのこと

1 中学生らしさを進化させる

　1年間の中学校生活の経験を踏まえて，中学生らしさをさらに進化させたいものです。大きな目標を提示しましょう。以下は具体例です。

●中学生らしい資質（向上心のある中学生になるために）
　・素直に，一途になれる。
　・技術，記録の向上を喜べる。
　・読書の習慣が身についている。
　・よいと思ったことを実行できる。
　・精神的価値に心を向けることができる。
　・幸せは「心」の問題であることがわかる。

●中学生らしい社会性（礼儀や社会情勢に関心をもつ中学生になるために）
　・相手に応じて適切な言葉づかいができる。
　・豊かな語彙を獲得する。
　・共感する心が強くなる。
　・思慮分別が出てくる。
　・私と公の区別がつけられるようになる。
　・ニュースや新聞を通して政治や社会に関心をもつ。

●中学生らしい学校生活
　（集団の中での役割，責任がよくわかる中学生になるために）
　・きまりや公の約束事を守る。

・集団の中での役割を客観的に見られるようになる。
・生産的な思考ができる。
・行事をみんなで成功させようと没頭する。
・自分の仕事に責任をもつ。
・学校生活に豊かなイメージを描く。
・自分の学校がきれいなことに誇りと喜びをもつ。

　このほかにも様々な視点があります。生徒に出会う前に，このように具体的に示すことができるように準備をしておきましょう。

2 学び合うことの価値を伝える

　中学2年生の段階では，仲間と「学び合うこと」の価値がわかる生徒に育てたいものです。

　学び合うことの基本は，自分のわからなさを素直に表現できることです。中学2年生となると，ますます自我に目覚め，なかなか素直になれなくなってきます。担任は，そのことを踏まえながら，「自分を高めるために一番大切なことは，わからないことをわからないと人に伝えることだ」と話しましょう。

　はずかしくてなかなか言えないと思う生徒がいることも事実です。級友間で気軽に「わからないから教えて」と言い合える学級にしたいこと，互いに心がけることでそのような学級となることも伝えましょう。教師自身も学生のときに経験しているはずです。教師に聞くより，仲間に教えてもらった方がすんなりわかることがあったことは，だれもが体感していると思います。

　授業名人の野口芳宏先生に「先生なら，40人全員に教えることは可能ですよね？」と尋ねたところ，その返答は「いやぁ，とてもとても。最後は見切り発車だよ。子ども同士で聞き合うことで，理解が促進できるというのは，確かにあることだよ」というものでした。

3 自ら学級をつくっていく雰囲気をつくる

　中学校は，小学校と比較すると，「自主・自律」をしっかり学ぶ場であると言えます。2年生は，1年間の中学校生活を終えているので，その経験を基に，できる限り生徒の考えで学級づくりをさせたいものです。

　そのためには，まずは学級役員の意識を高めることです。学級を引っ張っていく生徒を育てなければ，どうしても担任主導とならざるを得ないからです。学級担任には，引継ぎ事項として前年度の生徒情報が届きます。リーダー性がある生徒には印がついていると思います。学級づくりの核となり得る生徒をどの学級にも配置することは，学級編成の鉄則だからです。

　注意したいのは，この情報を見間違えてはいけないということです。確かにリーダー性があっても，それは担任の支援があってこそ発揮されるものです。経験の浅い教師は，「リーダー性あり」と印がついた生徒が数人いることで安心しきってしまい，「学級は彼らに任せた」などと言っている場合がありますが，これはとても危険なことです。

　生徒の心情になってみましょう。いくらリーダー性があると言っても，新しい学級になって「よし，今年もよい学級をつくってやろう」などという気持ちは湧きません。せいぜい「○○君や△△君と同じ学級になってよかった」とか「□□さんと別れて寂しい」といった気持ちなのです。

　リーダー性のある生徒がリーダーとして活躍するには，なんといっても担任の支援が欠かせません。リーダーの素養がある生徒は，舞台を用意してやれば，大いに活躍することでしょう。リーダーを核として，学校や学級行事に対して前向きに取り組んでいく学級，自らの手で学級をつくっていこうとする雰囲気がある学級にしていきましょう。

4 先を見て動くことができるようにする

　1年間の中学校生活を終えてきた強みは，様々なところで出てきます。

「先を見て動くことができる」というのも，強みの１つです。

　２年生の学級では，この強みを生かしたいものです。そのために担任は，１学期はやや我慢をすることです。何でも担任が先んじてしまうと，生徒は何も考えず，指示されたことをやるだけになってしまいます。

　１学期は，折に触れて「先のことを考えて動こう」とメッセージを送り続けるとよいでしょう。「先のことを考える」というのはやや抽象的な表現ですが，２年生となれば，それなりに考えをもつことができるものです。担任として心がけることは，先のことを考えた言動があった場合に，すかさずほめ，全体に周知することです。そうして，生徒は経験的に「先のことを考える」ことをつかんでいくのです。

　１学期に十分に育った学級は，２学期以降，実に気持ちのよい学級集団となります。担任が細かな指示をすることなく，生徒が状況を見て，先のことも頭に入れながら動くのですから。

5　ユーモアのわかる学級にする

　どの学年においても大切にしたいのは，ユーモアのわかる学級づくりです。学級に温かい空気をつくり出す要因の１つは，ユーモアを解する生徒の存在です。担任のちょっとしたくすぐりにも素直に反応し，笑ってくれたり，微笑んでくれたりする生徒の存在は，学級の空気を明るく温かいものにします。だれもが失敗をするものですが，ユーモアがある学級には，失敗を許容する雰囲気も生まれてきます。

　それには，担任はいつもにこやかでいて，時にはユーモアを発揮すべきです。堅物先生であってはいけません。意図的にユーモアを重ねる中で，ユーモアのある教室の空気をつくっていくとよいでしょう。

中学2年の年間スケジュール

3月	□校務分掌の引継ぎ　　□教室の清掃，教室備品の確認 □学級経営案作成　　　□学級通信作成 □学級編制　　　　　　□学級開き，システムの検討

■3月のポイント

　新年度が始まると，どうしても慌ただしくなります。異動もあるため，教室の清掃，備品の確認を前年度のうちにやっておくことはもちろんですが，できるだけ仕事を先取りしておくことも大切です。学級経営案や通信などは，新クラスを見てみなければわからない部分もあります。しかし，教育理念や自己紹介などは生徒の実態に大きく左右されることはありません。4月の忙しさを少しでも軽減させるためにも，計画的に進めます。学級開きの準備も，少し余裕のあるこの時期にネタを考えておくとよいでしょう。

4月	□教材の選定，購入　　□学年の校務分掌の決定 □時間割の決定，印刷　□机，ロッカーのラベル貼り □座席表作成　　　　　□健康診断の準備

□始業式の配付物の確認　　□教科書，教材の確認
□清掃当番計画　　　　　　□給食当番計画
□教室備品確認　　　　　　□タブレット確認
□短学活のシステムづくり　□学級名簿作成
□当面の学級の計画

■4月のポイント

　新年度の仕事は，膨大にあります。そこで大切になってくるのが学級の時間を中心に，当面の計画を立てることです。学級目標を決める，掲示物を作成するなどの活動は，意義を説明しつつ，なるべくリーダーを動かすことがポイントです。給食，掃除などのシステムは「去年はこうだった」と主張する生徒もいるかもしれませんが，そこで引いてはいけません。担任としての願いを伝え，なるべくそのよさを共有し，新しいクラスのシステムにしていくことが大切です。

5月

□連休の過ごし方の指導　　□旅行的行事準備
□授業参観準備　　　　　　□教室環境整備
□部活動指導　　　　　　　□中間テスト指導

■5月のポイント

　5月はゴールデンウイークがあります。新しい学級に不適応を起こし，長期欠席の始まりになりやすい時期です。生徒一人ひとりと会話する時間をうまく設定しましょう。2年生になってはじめての定期テストへの取り組み方も改めて指導します。部活動では1年生の入部が始まり，先輩になります。先輩としての在り方も学級で指導しておきましょう。

6月	□期末テスト　　　　　　　　□教育相談 □2学期の行事に向けた準備

■6月のポイント

　中間テストを終えたと思うと，すぐに期末テストです。嫌がる生徒もいるかもしれませんが，目の前のテストのことだけではなく，進路を控えた3年生の姿をイメージさせるとよいでしょう。また，教師は2学期の行事を意識して，行事のリーダーをだれにするか，合唱曲をどう決めるかなどを想定しながら学級経営をします。また，教育相談を丁寧に行い，通知表所見や懇談のためにも記録を取っておきましょう。

7月	□学期末評価，評定　　　　　□夏休みの課題の提示 □夏休み事前指導　　　　　　□懇談会計画 □教室大掃除　　　　　　　　□1学期のまとめ

■7月のポイント

　「2年生は中だるみがあり，夏休みはそれが顕著である」というのは，案外教師の思い込みかもしれません。2学期の行事のイメージは1年生よりもしっかりもつことができます。行事を中心として，どんな2学期にしたいかを生徒と語り合い，1学期をよい形で締め括ることが，充実した夏休みを過ごすことにつながります。無理のない範囲で計画を立てさせるのも有効です。

8月	□2学期の教材研究　　　　　□各種研修 □1学期の学級経営の反省　　□個別懇談の計画と記録 □2学期始業式の準備

■8月のポイント

　夏休み期間中はまずは教師がゆっくり休みましょう。心と体をリフレッシュしながら，各種研修に参加します。全員参加のような研修もよいですが，同僚と学び合ったり，自主的に研修に参加したりすると，より充実したものになります。夏休みに学んだことを，出校日に生徒に語ると，学習の必要性や楽しさを改めて感じる生徒もいます。生徒の主体性を育てるためには，担任が身をもってそれを示すのが最も効果的です。

9月	□夏休みの課題の処理　　　　□避難訓練の指導 □２学期の個人目標を決める　□体育祭の指導 □生徒会役員選挙指導

■9月のポイント

　体育祭で先輩としての姿を見せることで，大きく成長するチャンスです。後輩の目をうまく活用しましょう。生徒会役員選挙に向けて，立候補者や推薦責任者の指導はもちろん，学級や学年として応援する雰囲気づくりもします。

10月	□書写競技会　　　　□美術競技会 □中間テスト　　　　□文化祭

■10月のポイント

　体育祭で培った力を，文化祭にうまくつなぎます。よかったことやもう一歩だったことなどを多面的に振り返り，さらなる成長につなげます。音楽や美術など，他の教科の先生とうまく連携を図ることで行事を成功させます。生徒は意外と

先生同士のつながりを，見たり感じ取ったりするものです。

11月	□期末テスト　　　　　　　　□学校公開 □職業体験事前訪問

■11月のポイント

　この時期には，行事がひと段落し，少し落ち着いた教室環境にしたいものです。学校公開などがあれば，どんな姿を見せたいかを語り，生徒をその気にさせるのもよい手です。日頃の授業を大切にし，力を伸ばします。

12月	□学期末評価，評定　　　　　□通知表所見 □冬休み事前指導　　　　　　□教室大掃除 □今年1年の振り返り　　　　□2学期の学級経営の反省 □職業体験学習

■12月のポイント

　「この学級をどう締め括りたいか」をゆっくりと話し合い，来年のイメージをもって1年間を終えます。また，職業体験学習がある場合には，体験するときの心構えを意識させ，掃除や家庭学習への取組などにつなげて指導するようにします。

1月	□学級の締め括り計画　　　　□3学期始業式 □今年の抱負　　　　　　　　□入学説明会

■1月のポイント

　3月には学級を締め括り，4月には最上級生になることをイメージさせて，改めてしっかりと目標をもたせましょう。新年の目標を書かせ，学年で統一して廊下に掲示するなど，

視覚可しておくとよりよいでしょう。

2月	□卒業式に向けての指導　　□学級の締め括り実動

■2月のポイント

　2年生として卒業式に参加する意義を伝えます。送別の言葉を述べる生徒は代表であり，みんなの言葉であることを確認しておきましょう。すばらしい3年生になるために，日頃の活動を改めて大事にさせます。

3月	□3学期の評価，評定　　　□通知表所見 □生徒指導要録の作成　　　□教室大掃除 □学級の締め括り　　　　　□出席簿，学級経営案の整理 □校務分掌のまとめ　　　　□教室備品，教科書の点検

■3月のポイント

　一部，立志式という行事がある学校もあります。行事はなくても，「立志」や「元服」について15歳になるこのタイミングで語り，来年度はいよいよ自分たちの卒業であるという意識を高めて，2年生を締め括ります。3年生のスタートに備える，大事な春休みであることを伝えます。

新年度準備
やることリスト

1　3月中にやる仕事

①学年・学校単位でやる仕事

・学年分掌の割り振り，組織図作成
・学年の理念，方針のまとめ
・学級編制，担当学級検討
・職員座席決定
・新年度の部会
・学年通信，学年懇談会資料，アンケートなどの枠の作成
・教室，廊下，黒板，ロッカー，靴箱などの清掃
・新年度に差し替える書類などの準備，確認

　この時期に，1年生を受け持った職員で，反省を踏まえて次年度の方針を立てておきたいものです。様々なことを見直すチャンスです。リーダーや生徒指導的な問題があった生徒の引き継ぐべき情報を整理し，新しく赴任する先生にもわかりやすい資料を作成しておきます。それを基に，学年主任を中心に分掌を割り振り，組織図の原案をつくります。時間のない年度はじめにすぐに提案できるよう方針をまとめ，先に作成できるものはしておきます。

　学級編制は1年間を左右する大きな仕事です。どのクラスをもってもよいように，時間をかけ，みんなが納得のいく案を考え，4月を迎えます。学年主任は，どの担任がどのクラスをもつかというイメージをしながら編制する必要があります。

②学級担任としてやる仕事

・学級経営案の作成
・学級通信の作成
・出会いの演出の検討
・日直，給食，清掃，係活動などの学級システムの検討

「こんな学級にしたい」という経営方針を決め，初日のしかけを考えるのは，どの学年でも同じです。先輩になるという自覚が生まれる話はどこかでしておきたいものです。「新年度が始まって，生徒の顔を見てから」という気持ちもわかるのですが「先輩として」「学級の一員として」という話の根幹は変わらないはずなので，この少し余裕がある時期に考えておいた方がよいでしょう。

そして，日直，給食，清掃，係活動などの学級システムもこの時期に検討しておくとよいでしょう。生徒の意見を聞きながら4月に構築していく部分があってもよいのですが，ゼロベースでは時間がかかり過ぎてしまいます。3月のうちに，旧学年の担任の先生方に，学級のシステムを聞いておくとよいでしょう。そして，短学活のメニューや日直の仕事などは，多くの場合，データとして作成しているはずです。そうしたデータを集めておくことで，新しく赴任される先生も含め新しい学年のメンバーが昨年度のイメージをもったり，視野を広げたりすることができ，気持ちよく働くことができます。こういったシステムも，担任のみぞ知るブラックボックスにしておくのではなく，お互いに開示することで，学年所属の教師も話題に入ったり，学級に入ったりしやすくなるものです。また，こういった心配りそのものが学年の雰囲気をよくします。

新年度をイメージして先取りすることを心がける一方，今年度の仕事を来年度に残さないこともとても大事なことです。要録などの必要書類の整理や掃除などは，年度内に余裕をもって完了させておきます。

2 4月に入ってやる仕事

①学年・学校単位でやる仕事

- 自己紹介＋学年の方針，分掌共有
- 学年集会，学年懇談会資料作成の依頼
- 給食，清掃指導など方針共有
- 名簿印刷，消耗品発注
- 指導要録などの必要書類差し替え
- 入学式当日の動きの確認
- 配付物の確認
- 学級編制名簿の掲示
- 通学団の確認
- 宿泊行事について旅行社との打ち合わせ
- 総合的な学習の時間の職業体験の方針を共有

　新年度における学年会のスタートは，生徒の情報共有や学年の経営方針，ルールの提案から始まります。特に新しく赴任する先生や学年に入る先生がいる場合は，質問のしやすい雰囲気づくりに注意したいものです。また，生徒と会っていない段階での生徒情報の共有は，最低限のものにします。その理由は，そもそも会っていないので情報が頭に入ってきづらいことと，偏見をもってしまうことを避けるためです。特に気になるポイントは，その場で質問するとよいですが，そうでなければ，実際に生徒に会ってから，指導しながら共有した方がよいことも多いものです。

　ただし，宿泊行事（自然体験学習など）や職業体験学習といった，旅行社，事業所などの外部との連携が必要なものに関しては，少し先のこととはいえ，特に入念に時間を読み，現段階でわかっていることは共有したり，担当を決めたり，必要に応じて打ち合わせをしたりします。

②学級担任としてやる仕事

・学級活動の計画
・学級名簿作成
・教室環境の確認，整備
・学級開きアンケートの作成
・座席表，時間割表，給食・掃除当番表の作成
・黒板メッセージの作成
・初日のあいさつの検討，練習

　学年で共有した年度はじめの計画を学級レベルに落とし込みます。宿泊行事（自然体験学習など）や職業体験学習などの学年で共通の時間を先に入れ，残った時間で学級組織づくりや給食や清掃指導などを計画します。4月はとても仕事量が多いため，3月中にどのくらい準備をしていたかが大切になってきます。

　最も大切な瞬間は「生徒との出会い」です。中学校に入学してはじめてのクラス替えをどの生徒も楽しみにしています。昨年度には多少の問題があった生徒も，新しい学級ではがんばろうとしているものです。そんな生徒の心の声に応えるためにも，名簿やロッカーなどにミスがないように細心の注意を払い，机の配置や机上のプリントや教科書の角度にも心を配り，整然とした教室環境で安心させます。「環境が人をつくる」といいます。落ち着いた環境にすることで，生徒の心も落ち着きます。騒がしいクラスと明るいクラスを混同する生徒は少なくありません。みんなが安心して力を出せる雰囲気の礎をつくりましょう。

　2年生は，体育祭や合唱コンクールなども経験してきています。担任として1年間をイメージするためにも，「学級開きアンケート」で級長や応援団長，指揮者・伴奏者などの希望を尋ねるのもよいでしょう。実際にアンケートに記入することで，がんばろうという気持ちも高まります。

春休み

タイムテーブル

登校 〜 8：00	・教室の開錠，窓の開放 ・教室内・廊下の確認 ・学級編制表の掲示の準備
8：00〜8：10	・職員打ち合わせ
8：10 〜 8：30	・学級編制表の掲示 ・生徒の出迎え ・教室へ引率，靴箱・座席の確認，手洗い ・茶髪やピアスをしてきた生徒への対応 　（学年主任・生徒指導主事）
8：30〜8：45	・出欠席の確認，学年主任に報告
8：45 〜 9：00	・入学式に参加する心構え，おおまかな日程確認 ・学級ごとに背の順（もしくは男女名簿番号順や混合名簿順）に整列 ・入学式，始業式のため体育館へ移動
9：00〜9：20	・校歌（合唱）練習 ・生徒会長の話
9：30 〜 10：30	・入学式，始業式 ・学級担任発表・紹介 ・教室へ引率指導
10：40 〜 11：40	・学級開き（学級活動） ・担任のあいさつ，自己紹介 ・生徒の呼名・確認（返事をさせる）

1学期

	・教科書配付・確認・記名 ・家庭環境調査票・保健調査票などの配付・説明 ・今後の予定の連絡 ・明日の登校・下校時刻，持ち物などの連絡 ・学級活動プリント 　自己紹介カード，学級組織づくりアンケートなど
11：40～12：00	・入学式片づけ 　体育館いす，受付机などの片づけ，生花の移動
12：00～12：15	・一斉下校
12：15～12：30	・職員打ち合わせ
12：30～	・欠席者への連絡，家庭訪問
13：30～16：00	・職員会議 ・学年部会（生徒情報交換）

　昨年度からの持ち上がりの担任，学年所属の先生も多いかもしれません。たとえお互い知った仲であっても，「はじめまして」という気持ちで臨むなど，新しい学級で出会う初日の時間は大事にしましょう。生徒たちは新しい教室，新しい級友の中で落ち着かないと思いますが，すぐに入学式に向かうこととなります。先輩として新入生を迎える立場での参加となります。体育館に入る前に，「参列する姿で，先輩として後輩に中学生としての見本を見せよう」といった話を端的にしてから出発しましょう。入学式に背の順で体育館へ移動する場合，教室の後ろを使って，自分たちで決めさせるとよいでしょう。ほどよい緊張感のもと，コミュニケーションを取りながら，スムーズに並ぶはずです。そういった些細なこともほめるポイントづくりとなります。また，入学式の片づけも２，３年生が行うことになります。新しい学年となり，生徒も張り切って働く姿を見せてくれるので，指示を出しながら，がんばっている生徒を逐一ほめ，気持ちのよいスタートを切りましょう。

黒板メッセージ

> ポイント
> 1　期待を込めつつ２年生としての自覚を促す
> 2　あえて求めることを排してみる

1　期待を込めつつ2年生としての自覚を促す

　昨年度とは違い，先輩として迎える教室でのスタート。「進級おめでとう」のメッセージとともに，２年生とはどのような学年か，先輩としてどのような姿になってほしいのか，直後に行われる入学式・始業式にはどのような気持ちで臨んでほしいのかを黒板に書いておくと，生徒も身が引き締まる思いがするものです。また，「２年生は１年生の『　　』となり，３年生の『　　』となる学年です」と，一部を空欄にしておくと，生徒自身が２年生とはどのような学年なのかを考えるきっかけになります。

2　あえて求めることを排してみる

　「２年生は学校の中心となる学年」「２年生は先輩として後輩に背中で語る学年」「２年生は中だるみの学年」といった言葉を１年生の終わりごろから様々な場面で繰り返し聞かされ，生徒は辟易した気持ちになっていることも考えられます。そこで，あえて何かを求める言葉を書かないのも１つの手です。担任として「こんなクラスにしたい」「こんな１年にしたい」と端的に力強く書くのがおすすめです。

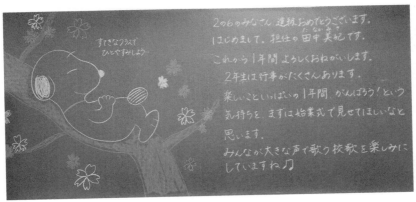

すてきなクラスで
ひとやすみしよう～

2の6のみなさん 進級おめでとうございます。
はじめまして。担任の田中美妃です。
これから1年間 よろしくおねがいします。
2年生は行事がたくさんあります。
楽しいこといっぱいの1年間 がんばろう！という
気持ちを、まずは始業式で見せてほしいなと
思います。
みんなが大きな声で歌う校歌を楽しみに
しています♪

期待を込めたメッセージを送ります

進級おめでとう
縁あってみんなと一年
過ごせることを嬉しく
思います。
互いに大切に思え
安心して過ごせる
クラスを創っていこう。

一年は、
一年生の、
二年生の、
学年です。

学校の中核を担んるよう
共に一年間のあゆみを。
黒岩雄や

一部を空欄にして生徒自身が考えるきっかけをつくります

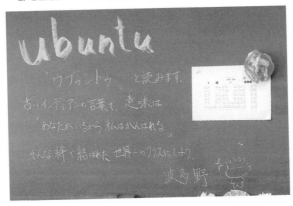

ubuntu

"ウブントゥ" と読みます。
古いインディアンの言葉で、意味は
"あなたがいるから 私はいられる"
そんな絆で結ばれた 世界一のクラスにしよう。
波多野

あえて求めることを排してみるのも1つの手です

教室トーク
「４つの言葉を大切にしよう！」

1 話し始める前に

　学級組織や学級目標を決め始める前に，学級経営方針を「担任の願い」として，伝えるようにします。学級目標とともに，クラスが迷ったときや困ったときに立ち返ってほしいという思いを込めて話します。

　工夫点は，生徒に集中して聴いてもらえるように，カードを提示しながらポイントを４点に絞って話すことです。使用したカードは学級目標の横に掲示します。そうすることで，学級組織，学級目標づくりの話し合いの際にも，担任の思いをくんで話してくれる生徒が出てきます。

　話し終わった後，場合によっては，「慣れ親しんだ前のクラスの方がよかったなって思っている人もいるでしょう。そういう人は幸せ者ですね。でも，その思いは心の中にそっとしまっておきましょう。前のクラスがよかったからこそ，『このクラスを前以上によいクラスにするぞ！』って気概をもってくださいね」という話もします。

2 トークの概要

①自律（義務教育の終わりに目指すもの）
②利他（思いやりの心を通わせるために必要な精神）
③熱中（何事にも積極的にチャレンジする心）
④学　（学校生活すべての中心）

4つの言葉を大切にしよう！

> みなさんは，中学校生活3年間で何を目指すのでしょうか？（数人指名）どの答えもその通りだと思います。ちなみに私なら「自律」と答えます。昔なら15歳は元服，大人として生きていく年齢です。だから私は，あなたたちを子ども扱いしたくありません。1人の大人として尊重したいですし，させてほしいと思っています。

話に興味をもってもらうため，質問して生徒にも答えてもらいます。

> 大人と子どもの境界線。定義は様々だと思いますが，個人的には「利他」的か「利己」的かの違いだと思っています。もっというと，他人の喜びを自分のことのように喜べる人こそが，立派な大人だと思います。私はそのような人を尊敬しますし，そのような人になりたいと思っています。

「生徒にこうなってほしい」と求めるだけではなく，一教師，一大人として「自分はこうありたい」という気持ちを素直に話すことも，時には効果的です。

> だから，どんなことにも一生懸命，「熱中」できるクラスになってほしいと願っています。熱中し，支え合って苦手なことにも挑戦することができれば，一体感・連帯感が生まれると思うのです。

具体例として，体育祭や文化祭などの学校行事の話はわかりやすいはずです。

> そして，すべての中心には「学（び）」があります。授業の時間が学校生活の大半です。ぜひ授業は常に真剣勝負で臨んでください。

最後に積極的に学び，成長することの尊さを説きます。「勉強し過ぎて損をした」という人には会ったことがない，といった話も効果的です。

新年度1日目

教室トーク
「先生はこんな人！」

1 話し始める前に

「教師は役者たれ。俳優にもお笑い芸人にも瞬時になれてこそ一流」と言われることがあります。

生徒の前での自己紹介では，明るく笑顔で話すのはもちろんのこと，できれば生徒が笑えるような内容を意識したいものです。自身が生徒だったころを思い返すと，当時好きだった先生は，やはりユーモアがわかる人柄だったのではないでしょうか。教室に笑いは重要です。ましてや，新学期は生徒も緊張していますから，教室が安心できる居場所になるうえで，笑いは重要な役割を果たします。

また，教師がユーモアのある特徴的な自己紹介をすることで，生徒が自己紹介をするときや自己紹介カードを書くときにも，工夫を凝らしてくれるようになります。そうすることで，教師と生徒の関係だけでなく，生徒同士の関わりにもよい影響を及ぼすようになります。

2 トークの概要

①軽いネタでのつかみ（親しみやすさにつながります）
②趣味の紹介にもひとひねり（生徒への伝播をねらう）
③短いエピソードトーク（間の取り方も工夫する）
④出会えた喜び（親しみやすい話の中にさりげなく入れる）

先生はこんな人！

> おはようございます。今年度この学級を担任する○○といいます。見ての通り，ちょっとコワモテと思われがちですが，実はスイーツが大好きです。

軽いネタを明るく話すことで，親しみやすさが一気に増します。いわゆる"容姿いじり"は，自虐ネタといえども歓迎されない時代なので，あまり踏み込まず，ギャップや意外性で笑いを取ります。

> 担当教科はアクティブかつ情熱的な国語です。趣味は自分の子どもたちを抱っこし，ダンベル代わりにスクワットすることです。

自己紹介の定番である趣味の紹介にちょっとひねりを加えます。そうすることで，生徒の自己紹介のときにも，おもしろい表現を工夫してくれる場合があります。

> 特技はいつでもどこでも，どんなポーズでも寝られることです。昔，電車の中で大量の荷物を背負っているにもかかわらず，つり革を握りしめ，立ったまま眠りについたことがあります。その時はさすがに自分でもびっくりしました。

おもしろいエピソードトークがあれば短時間で入れます。間の取り方も大事にしたいところです。

> あるお笑い芸人の方が言っていたのですが，今地球上にいる80億人に，1人たった1秒ずつ会って回ったとしても，266年かかるそうです。そんな中で，この教室にこの○人がこうして集まったのは，まさに奇跡だと思いませんか？

親しみやすい話の中にさりげなく，出会えたことの喜びと，その関係を大切にしていこう，というメッセージを入れてみます。

学級活動

> **ポイント**
> 1　止まったマスごとにお題に沿ったトークをする
> 2　質問や少し笑えるお題も用意する

1　止まったマスごとにお題に沿ったトークをする

　すごろくを作成し，サイコロを配付し，グループごとに自分の消しゴムをコマ代わりにして始めます。ただのすごろくではなく，止まったマスには「今年度の目標を発表する」「一番好きな食べ物について熱く語る」といったお題が書いてあり，止まったマスのお題に答えていかなければなりません。楽しみながら，お互いのことをよく知るきっかけにもなります。何よりも楽しく盛り上がれるので，学級の雰囲気が明るくなります。

2　質問や少し笑えるお題も用意する

　「右隣の人に，春休みの出来事について何か質問をして，感想を発表」や「前の人とじゃんけんをして，勝ったら５マス進める」といったマスも用意しておきます。また，「『フルーツジュース抽出中』と５回言って，かんでしまったら１回休み」などのマスも入れておくと盛り上がります。さらに，「担任の先生を呼んで質問しよう！」「担任の先生を呼んでほめ称えよう」といったマスをつくっておけば，担任もいろいろなグループの生徒と話をすることができるのでおすすめです。

自然と笑顔が生まれます

番号順に座っている場合，男女市松模様のグループにするとよいでしょう

タイムテーブル

登校 〜 8：00	・教室の開錠，窓の開放 ・昇降口の開錠 ・学年打ち合わせ（必要に応じて）
8：00〜8：20	・あいさつ，生徒の出迎え
8：20〜8：30	・読書タイム（本を忘れた生徒には道徳の教科書を）
8：30〜8：45	・朝の短学活（担任主導） ・提出物の回収（環境調査票や保健調査票など）
8：45 〜 9：35	・学級活動 　学級担任としての願い（学級経営方針など） 　学級役員選出（室長・議員・書記）
9：45〜10：35	・学力検査
10：35 〜 11：35	・学級活動 　学級組織づくり（委員会・係活動・当番活動） 　給食指導（翌日から給食開始の場合）
11：35〜11：50	・帰りの短学活（担任か学級役員主導）
12：00 〜 12：20	・通学団会 　通学団員の確認 　通学団長・副団長の選出 　通学路確認 　通学団ファイルの作成
12：20〜	・通学団下校（担当ごとに教師は通学路点検）

13：30〜14：20	・職員会議
14：30 〜 15：20	・専門部会や研修会 特別支援担当者打ち合わせやエピペン研修会など （会議がない教師で要録などの整理をしておくとよい）
15：30 〜 16：20	・学年部会 給食指導・清掃指導 新入生歓迎会指導 生徒指導 総合的な学習指導 授業参観，学年懇談会（ＰＴＡ総会）などの確認

　２年生は，昨年度の経験があるので，短学活や学級組織決めなどはある程度生徒に任せてみてもよいでしょう。ただし，任せっぱなしにするのではなく，担任が話し合いをある程度リードするべきです。例えば，昨年度の各学級でのやり方を確認しながら，そこに担任としての考えを加えたり，生徒と相談したりしながら，新しい学級でのルールを決めていきましょう。

　また，あいさつや時間を守って着席すること，話し合いの様子や発言の質など，ほめられることはどんどんほめていきましょう。１日目の帰りに机や下駄箱の写真を撮り，きれいにそろっていたことをほめれば，１年間きれいにそろえて帰るようになります（多少ずれていたとしても黙って直して写真に収めます）。昨年度に問題行動が見られた生徒であっても，４月のはじめはがんばる姿を見せることが多いものです。その瞬間を逃さずにほめることで，昨年度とは違った表情を見せるようになります。

学級活動

> **ポイント**
> 1　アイスブレイクは協力して行うものにする
> 2　振り返りの仕方にこだわる

1　アイスブレイクは協力して行うものにする

　学級役員，委員会や係，給食・清掃などの当番活動，学級目標など，学年当初に必要なことを決め終わったら，授業が始まる前にクラスやグループで活動する練習を兼ねてグループワークを行うとよいでしょう。できれば学年で統一して行います。グループワークを行う前に，アイスブレイクでレクを行います。全員で一斉にお互いの膝に座るゲームや，数人で手をつないでタイミングよく跳ぶゲームなど，協力して行うものにしましょう。

2　振り返りの仕方にこだわる

　ひと口にグループワークといっても，様々なものがあります。断片的な情報を言葉で共有して，正解にたどり着くことを目的としたゲームや，テーマに沿って合意形成を図るワークなど，学級や学年の実態に合わせて選ぶとよいでしょう。どのようなグループワークであっても，こだわりたいのは，振り返りの仕方です。グループワークを行った後，だれがどのようにグループの助けとなったかなどをプリントに書いてから，一人ひとりに言葉で伝え合うようにします。温かい空気の中，自己肯定感を育みたいものです。

前後の間隔を詰め，「せーの！」で座るだけでも成功すると盛り上がります

ここで行う振り返りは，授業が始まってからの振り返りにもつながります

タイムテーブル

登校 〜 8：00	・教室の開錠，窓の開放 ・昇降口の開錠 ・学年打ち合わせ（必要に応じて）
8：00〜8：20	・あいさつ，生徒の出迎え
8：20〜8：30	・読書タイム（本を忘れた生徒には道徳の教科書を）
8：30〜8：45	・朝の短学活 ・提出物の回収（環境調査票や保健調査票など）
8：45 〜 9：35	・学級写真 ・学級写真の順番を待つ間は学級活動 　→前日の学活の積み残し
9：45〜10：35	・学級活動 　清掃指導（翌日から清掃開始の場合）
10：35〜11：35	・学級活動 　学級目標，学級掲示物づくり
11：45〜12：35	・学力検査
12：35 〜 13：20	・学級活動 　給食指導 　会食の隊形，手洗いの指導 　5分後着席の習慣形成 　給食当番：身支度，配膳室，ワゴンの使い方 　当番以外：グループづくり，ナフキン・マスク・箸 　　　　　　忘れの貸し出し，おかわりのルール

1学期

13：20 〜 13：35	・昼休み 教室，廊下で生徒とコミュニケーションを取りながら，観察，着席やトイレのスリッパなど指導
13：35 〜 14：25	・学年集会 職員紹介，学習指導，特別活動，生徒指導，総合的な学習の指導，保健指導，学年主任の話など
14：25〜14：40	・帰りの短学活
14：40 〜 15：50	・新入生歓迎会リハーサル 学校紹介，部活動紹介指導 新入生お礼の言葉指導
15：50〜16：40	・部活動指導

3日目まではどの学年も似たような日課で進んでいきます。それでも，学力検査や学年集会など，学年ごとに時間がずれることもあるでしょう。そのときには，廊下の移動の仕方や，他学年がテストを行っている時間の過ごし方など，新入生の模範となるような行動を取ることの大切さを話すことで，先輩としての自覚を育てていきます。

また，給食や清掃が始まるものの，委員会組織がまだ立ち上がっていないため，普段は給食委員や放送委員や美化委員が行う仕事をする人がいないことに，後から気づくことがときどきあります。そうならないように，学校全体で臨時的な役割を確認しておくとよいですが，だれも行う人がいないことに気づいた場合は，仕事経験者である生徒に声をかけて協力を依頼するとよいでしょう。新入生歓迎会も，歓迎される側から歓迎する側となり，意識の変容が期待できます。

このように，教師が「先輩らしくしなさい」と話すよりも，先輩らしい行動を発揮できる場を設定し，その行為をほめていく方が，2年生は自然と先輩らしい言動を心がけ，先輩らしく振るまうようになっていきます。

学級活動

> ポイント
> 1　見通しをもち，息抜きの時間を確保する
> 2　全員で協力することのよさを味わわせる

1　見通しをもち，息抜きの時間を確保する

　4月当初は学級や学年で決めることがたくさんあります。楽しい時間も多いですが，学級活動の連続に少し疲れも出てきてしまいます。そこで，必要なことを決め終わったら，学校の近所の公園や山などに行って息抜きする時間を取るのもおすすめです。生徒たちもほっとした表情を見せてくれます。そのために，いつまでに何を決めておけば，1時間学級活動の時間に余裕が生まれるか，あらかじめ綿密に考えておく必要があります。

2　全員で協力することのよさを味わわせる

　実現可能な見通しが立ったら，先に生徒たちに宣言します。「みんなの協力で学活の時間を1時間残すことができたら，○○に行ってのんびりしよう！　そのためには，ここまでにこれだけのことを決めなければならないよ」と協力を依頼するわけです。すると，すきま時間をうまく使おうとしたり，話し合いでの発言を積極的に行ったりと，結構生徒は張り切ってくれます。学級全員の力で成し遂げた経験は，喜びとともに，先々の学校行事などで，学級一丸となって協力する姿勢にもつながっていきます。

校外での息抜きの時間に，生徒は教室とはまた違った表情を見せてくれます

生徒だけでなく，教師もほっとできる時間です

教室トーク
「授業の主役になろう！」

1 話し始める前に

　中学２年生は，学校生活に慣れてくる一方，義務教育の出口という切実感はまだ薄く，授業での学ぶ姿勢も中だるみになりがちと言われます。しかし，逆にいうと，この時期にしっかりと学力をつけておくことができれば，１年後の進路選択の幅を広げることにつながるのです。

　このように，中学校の出口における進路選択までの時間をイメージしながら，２年生での学習の大切さに気づかせましょう。

　そして，学習の中核となるのは，日々の授業での取組であることを理解させ，そのためには一人ひとりが「主役」としてどういった姿で授業に臨んでいったらよいのかについて考えさせます。

2 トークの概要

①１年時の学ぶ姿の振り返り
　（基本的な授業姿勢を中心に成長を語る）
②２年後の進路選択
　（義務教育の出口に向けた今後２年間の見通しをもつ）
③授業の主役になる２年生
　（特に「質問する」「教え合う」を意識させる）

授業の主役になろう！

> いよいよ明日から教科の授業が始まります。何をがんばろうと思っていますか？

昨年度大切にしてきた授業姿勢について振り返りながら，自由に発言を促します。

> なるほど。忘れ物ゼロや授業の最初のあいさつで，まずはやる気を示したいですね。昨年度は，「発言すること」や「聞くこと」も大切にして成果を上げてきました。1年間の成長は大きかったですね。

授業風景の写真を電子黒板等で共有しながら，昨年度に各学級で取り組んだ授業姿勢づくりを振り返ると，イメージが膨らむでしょう。

> それでは，2年生は何が違ってくるのでしょうか。2年生になった皆さんには，しっかりと進路選択というゴールを見てほしいのです。

3年生の卒業までの大まかな流れを画像で示すことで，中学校生活も折り返しの時期に入ることを視覚的に捉えつつ，この1年間の学習が実は重要であることを訴えましょう。

> 進路選択は3年生ですが，その選択幅を広げるには，実は2年生での学習が最も大切です。授業でしっかりと学力をつける時期が2年生なのです。そのために，受け身の姿勢ではなく，一人ひとりが「授業の主役」になることが大事です。自分からわからないことを質問したり，みんなで教え合ったりして解決することができる学級を目指していきましょう！

学習内容が難しくなることも予想される2年生だからこそ，だれ一人わからないことの積み残しを出さないようにするために，主体的，協働的に学ぶ授業づくりを目指すことの大切さをしっかり伝えましょう。

学ぶ姿勢

教室トーク
「家庭学習は何のために？」

1 話し始める前に

　中学２年生にもなると，生徒は何事にも「なぜやらないといけないのか」といった意味を求めるようになります。逆にいうと，「それは自分にとって大切だ」と気づくと，取組が一気に主体的になるものです。家庭学習は，その典型ではないでしょうか。２年生は，学年＋１時間で合計３時間取り組むことが目標になるとよく言われますが，３年生の進路選択を意識し始めるこの時期に，自分の学力向上にとって家庭学習が果たす役割や望ましいやり方について考えを深めさせることを大切にしましょう。

　そのために，まずこれまでの家庭学習を振り返り，自分にとって有意義な学習にするためにはどういった取組を行っていったらよいのかについて考えさせていきましょう。

2 トークの概要

①１年時の家庭学習の振り返り
　（時間を決めて課題に取り組んだ様子を振り返る）
②家庭学習の目的や意義
　（あくまでも自分の学習の補充や発展として取り組む）
③自分のための家庭学習
　（内容と時間を自分で決めて積み上げる）

家庭学習は何のために？

> まず，1年生のとき，家庭学習でどんなことをがんばりましたか？
> なるほど。学年＋1で2時間を目標に取り組んだことが思い出されますね。

　昨年度のある学級が取り組んだ「家庭での学習時間累積チャレンジ表」などを電子黒板に示しながら，「学年＋1」時間を全員で達成してきた事実を振り返るとイメージが膨らむでしょう。

> ところで皆さんは，これがだれだかわかりますか？　そうですアメリカのメジャーリーグで大活躍しているプロ野球の大谷翔平選手です。大谷選手はチーム練習とは別に，自分がいつでもベストな状態でプレーできるように自分だけの調整を続けているそうです。実は，家庭学習にはこれに似たところがあるのです。学習は授業でしっかりと行います。しかし，理解が不十分だったり，さらに練習したいと思ったりすることを，自分で決めて続けることが家庭学習の大事な意義なのです。2年生では，そんな「自分のために自分で決めて行う家庭学習」に取り組んでほしいのです。

　家庭学習では時間も大事ですが，何より授業の復習や補充等を自分のために自分で内容や方法を考えて行うことが重要です。そのことを，自分で考えて自己調整を続けている大谷選手の取組を例にしながら伝えます。

> そのために，まず自分のための家庭学習ノートをつくりましょう。毎日の帰りの会で，今日下校してから自分はどんな学習を家庭でどのくらい行うのかの計画を立て，翌日に振り返りましょう。大事なことは，家庭学習の目的と内容とやり方です。

　自分のための家庭学習づくりに向けて，明日からの取組の具体的なイメージを膨らませましょう。

学ぶ姿勢

家庭学習・自主学習

> **ポイント**
> 1 仲間と学習するプロフェッショナルを目指す
> 2 授業と家庭学習をつなげて学力を高める

1 仲間と学習するプロフェッショナルを目指す

　２年生は，中学３年間では真ん中の１年ですが，進路選択を具体化する３年生に直結する大切なときです。まずは毎日の授業を充実させることが最重要です。そのために「授業は教えてもらう時間」という受け身的な発想から，「仲間と主体的に学ぶ時間」という捉えに高める指導を大切にしましょう。ポイントは，「わからないことをそのままにしない」「考えを出し合う」「教え合う」といった主体的，協働的に学ぶ姿をイメージさせることです。

2 授業と家庭学習をつなげて学力を高める

　家庭学習はあくまでも家庭での自分の取組ですが，学級全体でその充実に取り組むことをおすすめします。例えば，各自が家庭学習における「自主学習ノート」を用意し，毎日の朝と帰りの会で振り返る「マイ・ホームワーク・チャレンジ」に取り組んでみてはどうでしょうか。帰りの会で，その日の授業を思い起こし，家で何をどれくらい学習したいか計画を立て，翌日に班で振り返るという取組を行うのです。勉強するのは自分ですが，班の仲間で励まし合うという点を大切にすると仲間関係と意欲の両方が高まります。

『仲間と学習する』プロフェッショナル

　昨日は国語「言葉を集めよう」の授業でした。図形を組み合わせて作った絵を、言葉だけで相手に伝えるというもの。「伝える」って難しいね。だからこそ工夫が必要なのです。今回の学習目標は「もっと伝わる文章」そして、「言葉を豊かに使った文章」です。

　その交流の場面では、とても楽しそうでした。なぜでしょう？先生が観察をしていると、次のような姿がありました。

◎ **目を合わせて、相手の反応を見ながら「分かる？」と尋ねる姿。** 伝えたいという気持ちがあふれています。

◎ **「え、もう一回言って。ひとつ前のところから。」** 相手の伝えたいことを受け止めようとする姿。

◎ **「うん。うん。」＋笑顔** ＝話やすい雰囲気だね。

◎ **「ここの角に…」と、身振りや視線で表現。** これも工夫だね。

全体交流でもぜひ、ぜひ活かそう！！

学級通信を通して価値づけた「仲間と学習する」プロフェッショナルの姿

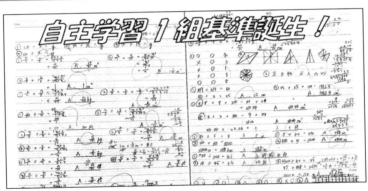

　せっかく時間をかけて、労力をかけて自主学習をするのですから、**「自分のためになる学習」** を意識することが大切です。GW 中の自主学習ノートを見せてもらいましたが、「この学習はすてきだな〜。」とか、「きっと時間かかっただろうなぁ。よく頑張っているなぁ。」と感心するものが多くありました。ひと工夫で学力 UP！いろいろ試してみましょうね。

① **「何ができるようになるための学習か」意識する。**
② **「美しさ」や「ページ数の多さ」にこだわらない。**
③ **だらだら勉強より、ぐっと集中して勉強！**
　（20 分勉強して 5 分休みでも O.K.「このプリントを 30 分でやり切る！」とかね。集中できないときは体を動かすのもいいらしいよ。腹筋・背筋・スクワットだ！）

学級通信で紹介した，自主学習ノートの具体例

教室トーク
「まわりから信頼される人ってどんな人？」

1 話し始める前に

　２年生になったということは，中学校ではじめて先輩になったということです。どの生徒も心のどこかでよい先輩になりたいと思っているものです。学級組織づくりと絡めながら，どんな先輩になりたいかを考えさせます。このときに，すでに経験のある「後輩の視点」にフォーカスします。すると，先輩だから，キャプテンだから…などの肩書だけでは人はついてこないということを理解します。肩書きや技術だけでなく，後輩という弱い立場の存在を気にかけたり，優しくしたりできる先輩に信頼が集まることは経験上知っています。しかしこれは，先輩後輩だけの話ではなく，同級生でも同じです。自分がどうありたいのか，学級のみんなに信頼してもらえるかという視点をもたせてから，学級組織づくりに臨みます。

2 トークの概要

①先輩になったということを共感的に話す（明るい雰囲気にする）
②どんな先輩になりたいかを聞く（希望を膨らませる）
③後輩から見た視点を意識させる（多面的に捉えさせる）
④お互いに信頼できる学級の中で，自分の役割を全うしようという気持ちにさせる（気持ちを高め，学級組織づくりに臨む）

まわりから信頼される人ってどんな人？

> 2年生になって○日が経ちますね。2年生という自覚はできましたか？ 部活動や委員会で後輩ができると，さらに実感がわくでしょう。あなたも先輩と呼ばれるときが来たのです。

小学校で先輩や最上級生という立場は経験していますが，やはり中学校とは違うものです。後輩ができるんだというイメージをもたせ，心をくすぐり，明るく前向きな雰囲気をつくります。

> さて，あなたはどんな先輩になりたいですか？　まわりの子と話してみてください。キーワードでもいいですよ。

思い思いに語らせ，友だちの意見を聞かせることで希望を膨らませます。

> （生徒から出たキーワードをいくつか拾って認めた後）なるほど，たくさんイメージが膨らみましたね。さて，これまでみんなは先輩の様々な姿を見てきたと思います。どんな先輩のことをいいなと思いましたか？　先輩のどんな姿がすてきだと感じましたか？

キャプテンなどの肩書や，運動能力が高いこと，技術が優れていることなどに注目しがちですが，後輩に対して偉ぶらずに優しく接してくれたなど，目立たないよさにも焦点を当てます。

> 今みんながあげてくれたような，すてきな先輩になってほしいと思います。そして，それは学級における振るまいも同じです。リーダーも先輩も，まわりの人を大事にしようという姿勢があれば，きっとあなたも大事にされます。みんなで支え合おうという気持ちを大切にして，学級組織をつくろう。

自分がどんな係になりたいかのような狭い視野でなく，どうありたいか，まわりとどう関わるかという視点をもたせて組織決めを行います。

学級組織づくり

学級目標づくり

> ポイント
> 1　学級目標のアイデアを ICT で集約する
> 2　端的な言葉から対話につなげる

1 学級目標のアイデアを ICT で集約する

　学級目標を決める際，ゼロベースで話し合うのではなく，有意義で効率的な話し合いにするために，事前にアイデアを考えて来させるようにします。その際，ひと昔前はプリントに書かせて来させ，教師がそれをすべてコピーして配付するといった手間がありました。しかし，現在はタブレット（1人1台端末）があります。何の手間もなく全員の意見を共有できるのです。なかなか思い浮かばない生徒も，級友のアイデアを見ることで，それを参考に意見が出せるかもしれません。気軽に全員参加ができます。

2 端的な言葉から対話につなげる

　ＩＣＴは便利ですが，注意したいこともあります。それは，長文を共有しないことです。「○○という学級目標がよい。これには３つの意味があって，1つ目は…」などの思いのこもった文に価値はあるのですが，学級全員分が一斉に表示されると，その量に辟易する生徒も少なくありません。そこで全員に共有するのは，端的な言葉（学級目標アイデアそのもの）だけにして「詳しく聞いてみたいものある？」と対話につなげます。

タブレットで学級目標のアイデアを入力する様子

いいクラス　居心地　一番いいクラス　メリハリ　　明るいクラス
授業がんばれる　クラス　授業　進路
毎日　先生　行事　　　　　　　　　　　自由　男女
卒業　学校　　個性尊重　　　いじめ　楽しいクラス

アンケート結果をテキストマイニングで視覚化したもの

委員会・係決め

ポイント
1 委員長を意識して，委員会を決定する
2 委員としての教室における活動を考えさせ，広げる

1 委員長を意識して，委員会を決定する

２年生で決める委員会は，将来的には委員長に関わってくると言えます。しかし，生徒の中には「やりたいかどうか」という視点しかない子も少なくありません。そこで，委員長の役割やそれまでに必要な経験などの話をし，生徒の視野を広げたいものです。希望が重複した場合の話し合いや演説・投票も，委員長を意識させることでずいぶんとその質が変わってきます。

2 委員としての教室における活動を考えさせ，広げる

委員の希望が重複した場合の選挙演説のネタです。話のうまさや人気で投票をしないために「委員としての教室における活動」という視点を与えます。大まかに委員としての仕事は決まっていますが，決められた仕事を全うするだけでは当番活動です。委員会の立ち位置を生かした，教室での工夫や活動を考えさせ，宣言させます。選挙でなくても，委員の意欲は高まります。また，自分が考えた活動に取り組み，そのよさが実感できれば，委員会でその内容を提案し，全校に広げることもできます。

生徒議会で活躍する委員長のイメージ

教室における活動を演説する立候補者

教室環境

1　授業への意識が高まるような掲示を行う

　学年，あるいは学校全体で，授業中の約束事や努力目標のようなものは必ずあると思います。日々，どのようなことを授業中に心がけてほしいのか，なるべく端的でわかりやすい言葉で，教室に掲示しておくとよいでしょう。ただし，教室前面は授業中に生徒たちが最も視線を向けることが多い場所です。その場所に掲示する場合は，落ち着いた色でシンプルなものを作成し，しっとりと落ち着いた教室環境を実現しましょう。

2　学級独自のものを大切にして帰属意識を育む

　一方，教室の側面や背面には，子どもたち手づくりの掲示物などを色合い豊かに飾るとよいでしょう。係活動カードや当番表，月予定などはどのクラスでも掲示していることでしょう。さらに，学校行事や学年行事で撮影した学級写真，賞状，振り返りシートなども掲示されていると，温かな気持ちになれます。写真などを，時系列に沿って掲示することで，「あぁ，あのときはこんなことをしたよね」と，年度後半に差しかかった時期に話をしてくれる生徒も出てきます。

スローガンや合言葉のようなものでもよいでしょう

折々に写真を撮影して掲示するだけでも一人ひとりを大切にする気持ちは伝わります

1人1台端末

> **ポイント**
> 1　いつでも使える状況にし，考えて使った生徒を価値づける
> 2　Padlet で作品を即時に相互評価する

1　いつでも使える状況にし，考えて使った生徒を価値づける

　タブレット端末の活用が遅れた学校には「使わないときには保管庫へ」というルールがあったといいます。「この授業では使わないから」と安易に判断するのではなく，基本的には生徒が使いたいと思ったときにすぐに使える状況にしておくことが望ましいです。検索機能などの単純な使い道でもよいので，使おうとした生徒をほめることで，端末を活用させていきます。

2　Padlet で作品を即時に相互評価する

　俳句や短歌などの作品を提出させた後，どのように共有，評価していますか。思いを込めた作品であればあるほど，生徒はすぐにだれかに見てほしいし，認めてほしいものです。Padlet というアプリを使えば，生徒の作品をすぐ相互評価させることができます。右ページ下段の画像のように，ある生徒が提出した作品に，「いいね」やコメントを即時につけることができます。学習者による相互の肯定的なフィードバックは，生徒の大きなやる気につながります。

授業中タブレットをいつでも使えるようにしておきます

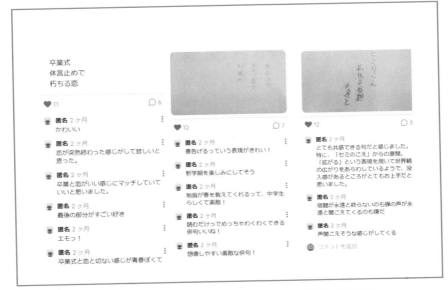

Padlet で作品に「いいね」したりコメントしたりし合う様子

学校HP・学級通信

> ポイント
> 1　生徒の様子を写真や短文で伝える
> 2　写真等による発信の許可を得る

1　生徒の様子を写真や短文で伝える

　保護者は，中学校生活の1年間の流れはある程度わかっています。しかし，新しい学級での様子や生徒の活動について詳しく知りたいものです。そういったことをこまめに伝えるとよいでしょう。

　それらを手軽に伝える手段が，学校HPであり，学級通信です。学校HPは，学級ごとの発信が許されている場合とそうではない場合があると思います。まずは学校の方針を順守し，学級通信を通して担任が捉えた生徒の姿などを伝えるとよいでしょう。学級通信も，紙ではなく，多くの学校で導入され始めている欠席連絡等ができるアプリで発信するのもよいでしょう。

2　写真等による発信の許可を得る

　発信に際しては，あらかじめ許可を得ておくことを忘れてはいけません。許可を得る対象は，保護者，生徒，管理職や学年主任等です。発信自体を拒否されることは少ないと思いますが，特に写真は個人が特定されないものを使用することを前提に，掲載の事前許可を得ておきましょう。

学級旗のデザインについて話し合いを進めていることを通信で伝える

体育大会のゴールの瞬間写真を通信で発信する

教室トーク
「わくわくするプログラムをつくろう！」

1 話し始める前に

　2年生は，中だるみの学年と言われることが
あります。1年生ではやるべきことをきちんと
やっていたのに，学校生活への慣れから，2年
生では面倒くさそうな態度を取ってしまう生徒
もいることでしょう。そんな雰囲気で1日をス
タートさせたくありません。中だるみの学年だ
からこそ，朝の会・帰りの会をどう上手に運営
するかは，担任の手腕にかかっています。例えば，会全体のプログラムを学
級役員などに考えさせてみるのはどうでしょうか。2年生になれば，1年生
のときのプログラムが頭に入っていて，気に入ったコーナーがあればそれを
採用したくなるはずです。「担任としてこうしたい」という思いも大切です
が，生徒が主体的に会を運営することができれば，生徒がわくわくするよう
な会になりますから，それが朝の会・帰りの会のベストな形と言えます。

2 トークの概要

①どんな会にしたいか（プログラムを生徒に考えさせる）
②自分たちで運営するために必要なこと
③朝の会・帰りの会を大切にすること（それが結果的に学級を大切にす
　ることにつながることを理解させる）

わくわくするプログラムをつくろう！

　朝の会を迎えると，「あぁ，ここから今日1日が始まる」という気持ちになりますよね。朝の会をネガティブな雰囲気で過ごすと，きっと授業にも影響します。「よし，今日もがんばろう」というようなポジティブな気持ちで1日をスタートするためには，どんなプログラムにするとよいでしょう。

　これまでに経験したプログラムの中で，自分が気に入ったものを提案することができます。担任がこれまでやってきたものと同じ内容だとしても，「自分たちで決めた」と生徒に思わせ，主体性を育てることができます。

　朝の会は時間内に終わらなければなりません。そう考えると，開始時刻にまだ荷物の片づけをしていたり，チャイムが鳴る直前まで座席に座らず，友だちと話していたりすると，思うように運営できなくなります。魅力あるプログラムにするために，どんなことが必要でしょうか。

　プログラムが決まったら，メリハリのある雰囲気で会がスタートできるようにするために必要なことを考えさせましょう。

　朝の会・帰りの会にしっかり参加しようとする気持ちをもつと，自然と学校生活を大切にするようになります。開始時間前の行動を見直すこと，話を聴くときの視線や姿勢に気をつけることなどは，授業でも同じように大切です。学級の仲間が話した言葉を受け入れ，行動に移すことは，思いやりの気持ちを育てることにもつながります。朝の会・帰りの会が学校生活の基本である，ということをよく覚えておいてください。

　自分が何気なく参加している朝の会・帰りの会が，実は学校生活の基本である，ということを自覚させ，生徒自らこの時間を大切にするような気持ちを育てていきたいですね。そのために，担任も，朝の会・帰りの会をただの連絡の時間と捉えず，生徒の心を育てる時間でもあると意識しましょう。

朝の会・帰りの会

朝の会・帰りの会の システム

1 朝の会の前に

　朝は，担任が一番に教室に入り，教室環境が整っているかを確認しましょう。入ったときに，「きれいに整理整頓されているな」と思えるような状態であればよいですが，気になる点があるようならば，改善を促す必要があります。夏場や冬場は先にエアコンをつけておくなどの心づかいができれば，生徒も自然とそんな姿を見習うようになります。

　上級生は登校時刻が遅くなる傾向があります。1年生では時間を意識してなるべく早く登校していた生徒も，2，3年生になって慣れてくると，ゆっくりと登校するようになります。しかし，朝の会の開始時刻は変わりませんから，時間に余裕をもって登校させる必要があります。間に合うかどうかのギリギリの時間に登校する生徒には，少しでも早く家を出るように声をかけてあげましょう。

　課題については，朝に提出するようなものがあれば，その締切時間を設定するとよいでしょう。8時20分から会を開始するならば，遅くともその3分前には提出を締め切るようにしましょう。

2 朝の会のプログラム

　朝の会のプログラムは，健康観察，係・委員会からの連絡，（タブレット端末内の）学校掲示板への連絡，学級委員の話，先生の話などで構成されていることでしょう。

　前述の通り，学級委員にプログラムを考えさせ，おもしろいコーナーをつくってみるのもよいでしょう。昨年度気に入っていたプログラムを提案させ

ると，内容が担任の思いに偏り過ぎることなく，生徒もわくわくするようなプログラムにすることができます。

　ただし，盛り上がり過ぎたり，他クラスの迷惑となるようなものになったりしてはいけませんから，そのあたりは担任の判断で決められるとよいでしょう。今日1日をポジティブな気持ちでスタートできるようなプログラムになるよう，工夫してみましょう。

3 帰りの会で気をつけること

　担任として知っておきたいのは，帰りの会での生徒は，基本的に落ち着いて話を聞ける状態にはないということです。生徒は，帰りの会を早く済ませ，部活動や委員会など，次の活動に遅れないようにすることに必死で，先生の話になるころにはソワソワしていることでしょう。ですから，チャイムが鳴っても長い話を続けたり，時間もない中で大切な話をしたりするのは適切とは言えません。だからこそ，帰りの会は，計画的かつスピーディに進めるのがよいでしょう。どんな話をするかをあらかじめ決めておき，短くまとめるようにします。長々とした話を生徒に届かない状態で伝え続けるよりも，短く，インパクトのある話を端的に伝える方が効果的です。

教室トーク
「給食準備は学級の力！」

1 話し始める前に

「給食準備は学級の力」とよく言われます。私自身，この言葉を「団結力のあるクラスほど給食準備にかける時間を短くすることができる」という意味で捉え，新任のころから，給食準備の時間にはこだわりをもって生徒に取り組ませてきました。しかし，若手のころはどうして「給食は学級の力」と言われるかを深く理解はしておらず，先輩を真似て時間を短くすることに注力していました。

そうして経験を重ねるうちに，その意味が次第に理解できるようになってきました。例えば，給食準備の時間を短くする取組を続けた結果，体育祭や文化祭などの学校行事でも，多くの先生方から「団結力のある学級だ」と言っていただけるようになりました。これは，給食準備の取組を通して，生徒たちに「まわりを見る力」や「困っている人を助ける力」が育ったからだと考えられます（直接的な因果関係がどこまであるかはわかりませんが，それでも，給食指導が生きたと感じることがよくあります）。

2 トークの概要

①どんな活動でも目標をもつことは大切
②給食準備で「まわりを見る力」を養う
③給食準備で「困っている人を助ける力」を養う

給食準備は学級の力！

> 昔から「給食準備は学級の力」と言われます。給食準備にどんな目標をもってがんばるかで，その学級の雰囲気は大きく変わっていきます。そこで，給食当番，配膳係，給食係，その他の人たち，全員で1つの目標を立てたいと思います。さて，どんな目標にしましょう。

　このように言えば，自然と「みんなで協力して準備時間を短縮する」というような目標が出てくるでしょう。

> 団結力のある学級に必ずあるもの，それは「まわりを見る力」です。だれが，いつ，どんなことをしているか，その視野を広げることで，自分が取る行動も変わってきます。給食の時間は，その力を養う絶好のチャンスなのです。当番は自分の仕事を終えたら何ができるか。待っている人はどうすれば全体がスムーズにいくように支援できるか。そういうことが当たり前に考えられるようになると，準備時間は自然と短くなり，それが学級の団結力につながっていきます。

　「まわりを見る力」は，言い換えれば気づかいです。だれに対しても気づかいができる人になれば，団結力は自然と高まっていきます。

> 給食は，全員が同時に食べ終わることはできません。一人ひとり，食べきるのにかかる時間は違います。給食準備を速やかに行うことで，食べるのに時間がかかる人も少しでも給食を楽しく食べられるようになれば，それはとてもすばらしいことですね。小さな努力で困っている人が助かるならば，進んで手を差し伸べられる人であってほしいと思います。

　「ごちそうさま」の時間は決まっています。その時間に合わせて食べなければならないと考えると，決して十分な時間が確保できているとは言えません。少しでも給食に前向きな気持ちをもてるよう支援したいものです。

給食

給食のシステム

1 給食当番の動き方

　給食当番は，６〜７人で編成します。あまり多過ぎても配膳の邪魔になりますから，必要最低限の人数にとどめましょう。

　チャイムが鳴ったら速やかに手を洗い，着替えを済ませた３人に，給食のワゴンを取りに行かせます。ここが遅いとすべてが遅くなりますから，はじめのうちは担任のフォローが必要です。残った３〜４人は，配膳台の準備，欠席人数の確認をし，食器を何枚準備すればよいかを計算しておくと時間の短縮になります。

　ワゴンが到着したら，まずは食器を10枚程度，すぐに定位置に置き，４〜５人で配膳を始めます。残った２人で，食器の枚数を先ほど計算した数と合わせれば，ここでも時間の短縮ができます。

　丁寧に，速く，均等に配膳を終えたら，他に困っている当番はいないか確認をさせ，食器を返却するカゴの位置を整えたり，ゴミ袋を準備したりして食べ終わった人が片づけをしやすいようにしてから，着替えて自分の座席に座ります。この動きに慣れてくると，当番の動きはとても速くなります。

2 配膳係の動き方

　配膳係についても，あまり多くの生徒に席を立たせたくありませんから，人数を６〜７人で構成するなど，必要最低限に抑えましょう。

　給食当番と同じように，手を洗ったらマスクを着用して，ワゴンの到着を待ちます。配膳係の効率を上げる方法はいくつかありますが，基本的には移動距離が少ない方がよいでしょう。食器を落としたり，他の配膳係とぶつか

ったりするリスクを極力減らし，安全に配膳ができるように工夫しましょう。

　配膳の仕方については，他の生徒に食器を触らせないこと，正しい食器の置き方（ご飯は手前左側，汁物は手前右側，牛乳は右側奥，など）にも注意させましょう。

3 その他の生徒

　待っている生徒は，給食当番や配膳係の後に手洗いを済ませ，速やかに着席します。係の生徒が一生懸命がんばっているのに，時間に余裕があるからといって休み時間のように過ごさせてはいけません。自分のまわりの席の食器がすべてそろっているか確認し，まだ配膳されていないものがあれば，それを係に伝えるなど，待っている生徒にできることを考えさせることも大切です。

4 努力の成果を可視化する

　生徒のがんばりを確認するうえで，一番手っ取り早いのは，時間を計測することです。各班で，準備にかかった時間を計測・記録し，前回の記録を更新することができれば，しっかりとほめましょう。生徒たちはきっと喜ぶと思いますし，自然と団結力の向上につながっていきます。ゲーム形式にして競わせると，準備に燃える生徒も出てきます。

　こういった取組を続けることで，給食の時間にゆとりが生まれ，より楽しく過ごせるようになります。

給食

教室トーク
「教室は借りている場所」

1 話し始める前に

　学校は公共の場所です。それは生徒も十分に理解しているはずです。しかし，自分の机や机の中，いす，ロッカーに対して，公共のものであるという認識をもっている生徒は多くありません。ロッカーからかばんのひもが飛び出ていたり，机の中にプリントをぐちゃぐちゃに押し込んで入れてあったりする光景は決して珍しいものではありません。そういった生徒は，おそらく掃除も自主的にできないことが多いでしょう。

　学校は，安全に集団生活を送り，学習に励むために借りている場所であり，教室は，そのために借りている部屋です。掃除をさせるうえで，「借りている」という意識をもたせることが大切です。

　また，WBCやサッカーW杯が開催されると，必ずと言っていいほど話題になるのが，日本人が会場でごみ拾いをしていく姿です。自分たちが使った場所を，来たときよりもきれいにして帰ろうとするその姿は，世界中で称賛されています。

2 トークの概要

①自分の部屋と学校の掃除では何が違うのか
②教室は「借りている」場所
③来たときよりも美しく

教室は借りている場所

トーク

　皆さんが自分の家や部屋を掃除するとき，何がきっかけとなることが多いですか？　親から言われたから？　それとも，自分が気持ちよく過ごすため？　では，学校や教室を掃除するのはなぜでしょうか？

「学校は公共の場所なので，自分たちが使ったら掃除するのが当たり前」などと答える生徒はおそらくいないでしょう。でも，それが本当ですから，そういう感覚をもてていないことを自覚させることがねらいです。

　学校や教室は公共の場所です。君たちが勉強するために借りているのです。私物ではありません。だから，次に使う人が気持ちよく使えるように，毎日美しい状態を保つ必要があるのです。借りているものをきれいに使うことは当たり前ですよね。だから，掃除をすることも当たり前なのです。

　学校のものを使おうとしたら汚れていて使えなかったり，状態が悪かったりした経験があるかを聞いてみるのもよいかもしれません。

　ワールドベースボールクラシックやサッカーワールドカップなど，日本代表の活躍が，世界中で注目されていましたね。世界を代表するスポーツ大会において注目されていたのは試合だけではありません。アメリカの有名紙であるＮＹタイムズは，試合後にスタンドのごみ拾いをする日本人について報道しました。

　公共の場所を，元の状態よりもきれいにするために掃除をすることは，日本人ならではの美徳です。学校教育でこういったことを教えてきた結果がこのような形で称賛されることは，同じ日本人としてとても誇らしいことですね。記事の写真やニュースを紹介しながら話をすると，よりリアルに感じることができるでしょう。

掃除

教室掃除のシステム

1 掃除を始める前に

　チャイムが鳴ってから掃除の準備をしていると，掃除の開始が遅れる場合があります。例えば，雑巾で床を拭く場合，チャイムが鳴ってからバケツに水を汲みに行ったり，雑巾を濡らしたりしていると，その分だけ遅くなります。掃除が始まる前に，あらかじめ係を決めておき，必要最小限の人数で準備をさせるとよいでしょう。

　また，掃除を始める前には，机の上には何も置かせないようにしましょう。プリントや筆箱が載ったままだと机は運びにくく，横に何かがかかっていると，落ちて汚れてしまう場合があります。掃除をする人が，気持ちよく活動できるよう気を配らせることが大切です。

2 時間を守る意識をもたせる

　例えば，掃除の時間が15分間だとしましょう。この15分間のうち，実際に掃除に取り組む割合は，どれくらいになるでしょうか。チャイムが鳴ってからいすを裏返して机の上に乗せて机を下げ，特別教室の掃除担当の生徒はそれから移動を始めるとなると，掃除が実際に始まるまでに，１分30秒〜２分弱の時間を要します。

　そうなると，掃除終了のチャイムでは終わりきらず，その後の活動に支障が出たり，まんべんなく掃除をしないまま「チャイムが鳴ったから」と途中で終わってしまったりするケースが出てきます。

　掃除は，はじめの時刻もおわりの時刻もきちんと守らせることが大切ですから，その場合は改善しなければなりません。学級役員に改善策を考えさせ

るなどしたうえで，教師の考えも生徒に伝えるとよいでしょう。

　逆に，テキパキと掃除をした結果，思いのほか早く終わってしまい，時間が余ってしまうケースもあります。ただ，早く終わったからといって何もさせないと，同じように掃除に真剣に取り組まなくなりますから，指示を出したり，仕事を見つけさせたりして，最後までしっかりと取り組ませましょう。

3 掃除道具を正しく使わせる

　ほうきの使い方が悪く，毛先が丸まったり，毛先にほこりの塊が絡まったままだったりで，まともに使えないほうきはないでしょうか。また，プラスチックバケツの一部が欠けていたり，掃除道具箱の中がほこりにまみれていたりすると，生徒が気持ちよく掃除に取り組むことができませんから，担任や美化係が定期的に点検をして，そういった状況を生み出さないようにしましょう。

　また，使い終わった掃除道具の取扱いについても，きちんと指導します。ほうきについたほこりは，生徒にきちんと取らせたり，バケツが欠けてしまった場合はすぐに報告させたりすることを徹底します。雑巾を使い終わったら，角をきちんとそろえてしまうなどして，整理整頓を意識させましょう。

　掃除道具を丁寧に使うことは，結果的に掃除に真剣に取り組む態度を養うことに直結します。最後まで気を抜くことなく，指導にあたりましょう。

特別教室掃除のシステム

1 役割分担

掃除の役割分担で大切にしたいのは「一度決めたらやりきる」ということです。週のはじめに役割を決めたのに，3日目，4日目になると，決めた役割と違うことをする生徒が出てくる場合があ

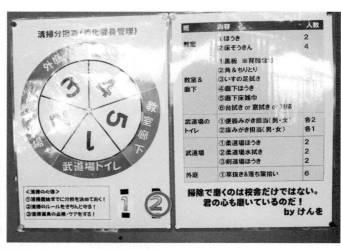

ります。これを担任が許してしまうと，次第に掃除を真剣にやらなくなりますから，「一度決めた分担はきちんと責任をもってやりとげよう」などと伝えましょう。

掃除の当番表を作成し，だれがどの役割を担っているのか，担任だけでなく，見回りの先生にもわかりやすいようにすると，生徒も勝手なことをしにくくなります。さらに，その当番表に「時間内は集中して取り組めたか」「ごみやほこりが落ちていないことを確認できたか」「あいさつをして終わることができたか」などのチェック項目をつくっておき，生徒に確認をさせたり，見回りの先生に見てもらったりすると，掃除により真剣に取り組むようになるでしょう。

2 清掃指導は人それぞれ

　清掃指導について考えるとき，教師によって考えが分かれがちなのが，教師は生徒の様子を観察して正しいやり方を指導すべきか，それとも，教師も一緒にやることで正しい清掃の仕方を覚えさせるべきか，ということです。

　結論から言うと，「どちらでもよい」ということになると思います。一長一短なので，ねらいさえあれば，特にそろえる必要はありません。

　教師が指導に徹すれば，担当場所をすべて見て回ることができますが，それぞれの場所を隈なくチェックすることは時間的に困難です。一方教師も一緒にやれば，すべて見て回ることは難しくなりますが，掃除の仕方の細かいところまでしっかり指導することができます。このように，どちらにもメリットとデメリットがあるわけです。

　私の場合は，生徒と一緒にやります。その方が私も生徒も掃除を楽しめるからです。細かいことを口で説明するのは時間もかかるので，実際にやって見せた方が伝わりやすいということもあります。

　ときどき生徒の方から，「一緒にやりましょう」と誘ってくれることもあります。掃除を「嫌な時間」と思わず，自分から取り組もうとする生徒を育てるために，試行錯誤しながら清掃指導をしたいものです。

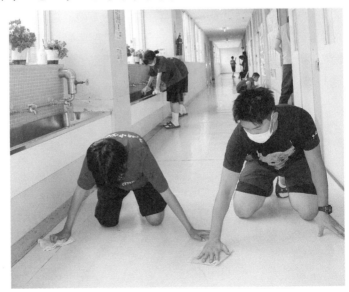

教室トーク
「自分たちが3年生ならどうする？」

1 話し始める前に

　部活動において，2年生の位置づけは，年度の前半と後半で大きく異なります。3年生が引退するまではチームのフォロワー，引退後はチームのリーダーとなり，部活動に関わります。2年生の指導において大切なのは，「自分たちが3年生ならどうするか」と考えさせることです。具体的な代案を考えることは，今までは気づかなかったところに目を向けることにもつながります。したがって，2年生前半から，新チームを見据えて部活動に取り組むことが重要です。

　また，2年生の中にはレギュラーとして活躍する生徒もいれば，出場機会の少ない生徒もいます。同学年でも部内での立場や役割の違いが出てくるのです。このような時期だからこそ，再度部活動の意義を考えさせます。1年時の目標を振り返らせることも有効な手立てです。大切なことは，部活動を通して人として成長することです。

2 トークの概要

①2年生の部活動について（年度前半と後半で役割が異なる）
②1年時の目標の振り返り（1年間の成長を振り返る）
③目標の更新（部活動の意義を再度考える）

自分たちが3年生ならどうする？

　部活動において，2年生の位置づけは，年度の前半と後半で大きく異なります。3年生が引退するまではチームのフォロワー，引退後はチームのリーダー，中心となります。ですから，今から「自分たちが3年生ならどうするか」と考えて活動してください。新チームになってから新チームのことを考えるのではなく，先輩がいる今だからこそ，新チームを見据えて部活動に取り組むことが重要です。

　どのようなチームにしたいのか，自分はどのように貢献できるのかを考えて取り組むことが大切です。

　部活動に1年間取り組んで，どんなことができるようになりましたか？ 1年生のときに立てた目標は達成できましたか？　今から1年前に皆さんが書いた部活動の目標用紙を返却します。1年間の取組を振り返りましょう。

　1年前の目標を振り返ることにより，自分の成長を実感させます。新たに2年生前半，後半の目標を立てさせます。その後，ペアやグループで発表させます。記入した用紙を掲示して，「見える化」します。

　入部した1年生は，不安な気持ちを抱えています。皆さんも1年前は同じ気持ちだったと思います。その気持ちを思い出して，優しく接してあげてください。

　1年前の自分を振り返ることにより，後輩に対してよりよい関わり方ができるきっかけとなります。

　部活動に入る目的は人それぞれです。大切なことは，どのような結果を残すかではなく，部活動を通してどのように成長していくかです。

　部活動の意義について，担任の思いを伝えます。

学級活動

> ポイント
> 1 部活動の目標を書く
> 2 各部活動のよさを伝え合う

1 部活動の目標を書く

　学活の時間に，部活動についての目標を記入する時間を設けます。2年生になると，レギュラーとして活躍する生徒もいれば，出場機会の少ない生徒もいて，同学年でも部内での立場や役割に違いが出てきます。このような時期だからこそ，再度部活動の意義を考えさせます。教室に掲示することによって，級友の目標を知る機会にもなり，視野が広がります。

　「レギュラーを取る」「大会でよい結果を残す」などの結果だけの目標とならないよう，「人としてどのように成長するのか」「どのようにがんばるのか」など，行動面の目標を記入する欄も用意します。また，目標を記入するだけでなく，学期の終わり，学年末に振り返りを行います。

2 各部活動のよさを伝え合う

　部活動によって，意識して取り組んでいることは異なります。大きな声でのあいさつ，荷物の整理整頓など，所属する部活動のよさを，学活の中で伝え合う時間を設けます。「聞いたことを自分の部活動にも還元してみよう」という気持ちになる生徒も出てきます。

2年（　　）組（　　）番（　　　　　　　　　）

「　　　　　　」部　部活動　がんばり宣言

記入日　　年　月　日

〇部活動の目標を立てよう

あなたの目標は何ですか？　（技能面）

あなたの目標は何ですか？　（行動面）

部活動がんばり宣言

属する部活動で意識して取り組んでいること，よさを伝え合います

教室トーク
「ASUを大切にしよう！」

1 話し始める前に

職業体験は，生徒が事業所などの職場で働くことを通じて，職業や仕事の実際について体験したり，働く人々と接したりする学習活動です。生徒が直接働く人と接することにより，また，実際的な知識や技術・技能に触れることを通して，学ぶことの意義や働くことの意義を理解し，生きることの尊さを実感させることが求められています。また，生徒が主体的に進路を選択決定する態度や意志，意欲などを培うことができる教育活動として，重要な意味をもっています。単なる行事として実施するのでなく，教師，生徒ともに職業体験の意義を理解して，事前活動，体験活動，事後活動に取り組ませたいところです。

例えば，A（あいさつ）S（積極性）U（受け応え）を大切にして，職業体験に取り組むように伝えます。時と場合に合わせた声の大きさと表情であいさつをする，やることがわからなかったらまずは聞く，コミュニケーションを大事にすることなどを事前指導します。

2 トークの概要

①目的の共有（行事には必ず目的がある）
②大切なことをキャッチフレーズで（生徒が意識しやすいように）
③受け入れ先への感謝の気持ち（具体的な数で示す）

ASUを大切にしよう！

トーク

> さて，皆さんはどうして職業体験に参加するのでしょうか？

　問いかけることで，自分事として考えるきっかけにします。その後，ペアやグループで自分の思いを話し合わせます。状況に応じて，数名の生徒に発表させます。教師からの一方的な話にならない工夫が必要です。

> 　職業体験の目標は大きく２つあります。実際に働くことを体験してやりがいや大変さを肌で感じること，そして，働いている人から話を聞いて職業観やその仕事に就くために必要なことは何かを学ぶことです。

　職業体験に限らず，行事には目的があります。体験や活動だけで終わらないように生徒に伝えます。教師側が見通しをもつことが大切です。

> 　A（あいさつ）S（積極性）U（受け応え）を大切にして，職業体験に取り組みましょう。時と場合に合わせた声の大きさと表情であいさつをする，やることがわからなかったらまずは聞く，コミュニケーションを大事にする。そういったことを意識して，職業体験に取り組んでください。

　大切にしたいことは，キーワードやキャッチフレーズにすると生徒の記憶に残り，振り返る際も視点が明確になります。体験活動と同じくらい，振り返りも意識して取り組ませたいところです。

> 　約60の事業所が，230名の皆さんを受け入れてくださいます。通常の仕事以外に，皆さんのために時間をつくってくださるのです。感謝の気持ちを態度で示して体験してください。

　多くの方の協力で実現している行事であることを理解させます。感謝の気持ちをもって体験しようとするきっかけになります。

職業体験

学級活動

> ポイント
> 1　近隣の高校と連携する
> 2　社会人を囲む会で意識を高める

1　近隣の高校と連携する

　職業体験の前に，近隣の総合ビジネス科の生徒を招き，マナー講座の出前授業を実施します。正しいあいさつの仕方や言葉づかい，身だしなみについて教えてもらいます。年齢の近い高校生から教えてもらうことにより，和やかな雰囲気でマナーを学ぶことができます。また，近隣の高校と連携を図るよい機会にもなります。

　講座後にも，短学活の時間等に楽しい雰囲気で練習すると，生徒の意欲も高まります。

2　社会人を囲む会で意識を高める

　マナー講座の後に，社会人を囲む会を開催します。飲食・製造・美容など，様々な業種の方から，職業を選択した理由や仕事の喜びとやりがい，今の社会で求められている人材，中学時代にやっておくべきことなどの講話を聞きます。職業体験前に開催することにより，目的意識をもって活動に取り組むことができます。社会に開かれた教育課程の実現に向けて，地域と学校の連携・協働の推進の一環となります。

マナー講座の様子

社会人を囲む会の様子

教室トーク
「2年生最初のテストでジャンプアップ！」

1 話し始める前に

　2年生として臨むはじめての定期テストですが，1年生のときほどの緊張感はないでしょう。1年時の取組を振り返らせると意欲的に取り組み，結果を出すことができた生徒がいる一方，「どうせやっても点は取れない」と半ばあきらめムードの生徒もいるでしょう。そこで大事にしたいことは，学年の変わり目を大きな節目と位置づけ，上り調子の生徒はさらに努力を続け，うまく結果に結びついていない生徒は心機一転，やる気をもって取り組むよう励ますことです。

　具体的には，まずは1年後に迫る進路選択をイメージさせつつ，2年生で実力をつけることの大切さを訴えます。そのうえで，年間のテスト計画づくりに取り組んでみましょう。1年間のテストの予定を示し，目標を描きながら，自分が重点的に取り組みたいことの意思決定を促しましょう。1学期の中間テストを，ぜひ今後の学習に弾みをつけるチャンスにしましょう。

2 トークの概要

①心機一転，大きく歩み出すチャンス
　（進路選択とつなげて2年生の学習の大切さを訴える）
②自分が大切にする目標と重点（1年時の成果と課題から設定させる）
③自分のために取り組む決意
　（学ぼうとする意志をもち，取り組んでいく決意をもたせる）

2年生最初のテストでジャンプアップ！

　1年時の定期テストへの取組を思い出してみましょう。成果は残ったでしょうか。克服しなければならない課題は明らかになっているでしょうか。進路選択が1年後に控える中，2年生での学習の努力は，実はとても重要なのです。心機一転，がんばっていきましょう。

　昨年度の取組を振り返りつつ，2年生における定期テストで成果を上げることが，進路選択を控える3年生になるにあたり大変重要であることを伝えます。

　それでは，皆さんは，どんな目標と重点を大切にするのでしょうか。ここで先輩の様子を少し紹介します。ある子は，5教科合計30点アップという目標を定め，授業中の挙手発言をがんばりました。またある子は，平日必ず2時間は家庭学習を続けるという目標でがんばり，苦手だった数学を克服しました。このように，まずは目標をしっかりもち，取組の重点を決めましょう。大事なのは，目標や重点を自分の意思で決定することです。

　先輩たちの例を紹介しながら，できるだけ自分の実態に応じて，自分が取り組んでいきたいこと，克服したいことを描くことができるよう促しましょう。

　Heaven helps those who help themselves. これは有名な英語のことわざです。「自分で努力する人を天は助けてくださる」という意味で，自分のために努力することの大切さを語っています。まずは自分の意志と努力を大切にしましょう。それでは，目標と計画を具体的に描いてみましょう。

　テストは仲間と一緒に乗り越えていく取組も大事ですが，進路選択は自分自身で行うものです。そのことにつなげて，まずは自分で目標や重点を決めてテストに臨むことで，2年生の学習に弾みがつくよう指導しましょう。

中間テスト

テスト計画づくり

> **ポイント**
> 1　将来につなぐための中間テストと位置づける
> 2　ICT活用で機動的で自律的な学習計画をつくる

1　将来につなぐための中間テストと位置づける

　2年生は，昨年度テストを受けた経験があるため，不安はそれほど強くはなく，むしろ悪い意味での慣れが出てしまうことがあります。そこで，今の学習を将来につなげて考えさせる指導を中間テストの計画づくりと同時期に行いましょう。具体的には，職業体験や2学期以降の上級学校についての調べ学習への入り口として，それぞれに自分の進む道のイメージを描かせながら，学習意欲の向上に努めます。

2　ICT活用で機動的で自律的な学習計画をつくる

　1人1台端末が普及した今，テスト計画表も，紙ではなくクラウド上でデータ共有してみてはどうでしょうか。通常の紙の計画表は生徒が帰宅する際に返却してしまい，じっくりと進み具合を見て助言をすることができませんが，クラウド上で共有しておけば，放課後や帰宅後にも進行状況が確認でき，声をかけることができます。また，入力すれば自動的に計算処理する便利さもあり，生徒にとっては即時的に計画を変更できるので，より機動的で自律的な学びにつながります。

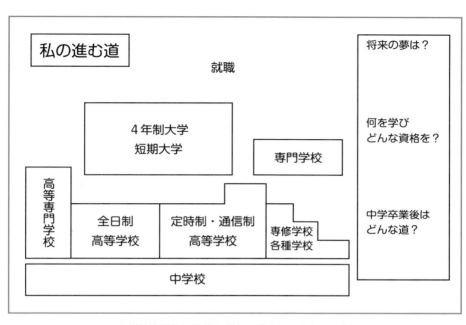

中学校卒業後の進路を考える際のワークシート例

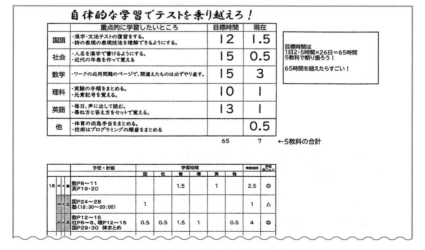

クラウド上で共有する学習計画表

事前指導

> ポイント
> 1　繰り返しこそが力をつけることを伝える
> 2　間違いを大切にすることを伝える

1　繰り返しこそが力をつけることを伝える

　生徒はよく「どうやって勉強すればいいの？」と質問します。それぞれに合った勉強の仕方はあると思いますが，「繰り返して学習すること」は史上最強のテスト勉強と言えるのではないでしょうか。しかも，2回より3回と繰り返すことで，問題を解くスピードが上がり，正答率も高くなるといったデータもあります。時には，科学的なデータも引用しながら，毎日の勉強をコツコツと積み重ねることこそテスト勉強の王道であることを伝え，より充実した計画づくりに生かしましょう。

2　間違いを大切にすることを伝える

　学年問わず，中間テストの取組と結果を分析してみると，ただやみくもに問題を解いたり，教科書をまとめたりするだけより，間違えてしまった問題を振り返り，やり直す作業を地道に続けることが成果につながっていることがわかります。間違いを大切にすることこそ力をつける近道というわけです。こういったメッセージを込めて，間違いを反省し続ける取組を「ミスノート」と名づけ，取組に生かしていくよう勧めます。

史上最強のテスト勉強

さあ、本日テスト範囲＆計画表が配布されました。

昨日、他のクラスで「何で国語のワーク、2回周りなの？1回でいいやん。」と言われました。他の教科の勉強もあって、大変なのはわかるけれど、先生は声を大にして言います。

ワークは2回。いえ、3回やる方がいいんです！

勉強は1回目は**「分かる」**、2・3回目から**「できる」**に変わります。

逆上がりだって、クロールだって、回数を重ねた方がすんなりできるようになりますね。この**「すんなりできる。」**が大事なのです。問題の正確率だけでなく、時間配分やケアレスミスの少なさも、テストでは必要です。右の表は、図書室にある「かしこい脳をつくるスポーツ」（深代千之・著／誠文堂新光社）という本に書かれているものです。同じ問題を何度も解くうちに、正確さだけでなく、スピードもついてきます。

問題	正確さ%	スピード%	得点率
1回目	70 ✕	70 ＝	49%
2回目	80	80	64%
3回目	90	90	81%

ね、2回目、3回目、大事でしょ？

繰り返し学習の効果を掲載した学級通信

間違えた問題を重点的に復習する「ミスノート」

教室トーク
「席替えをするのは何のため？」

1 話し始める前に

　座席の配置については，①男女ジグザグ型（市松模様型），②男女別列順，③男女区別なしの３種類が一般的です。どの配置を選ぶにしても，教師の意図は必要ですが，座席の配置は学年で統一することが望ましいでしょう。１組は男女別，２組は男女区別なしなどとすると，学級間での差異に不満が出てきます。

　教室は自由な空間ではありません。学校生活の中で，生徒に社会的な人間関係を学ばせることが大切です。席替えは，社会的なルールを学ばせるよい機会になります。

　２年生になると，学校生活にも慣れてきて，交友関係が広がります。その反面，友人が少なく学級の中で孤立しがちで支援が必要な生徒もいます。前担任や学年主任から，学級の生徒の１年時の様子をしっかりと確認しておくことが大切です。

2 トークの概要

①席替えの理由（生徒の考えを引き出す）
②担任としての思い（生徒の考えも大切にしながら）
③席替えの方法を相談すること（席替えを目的にしない）

席替えをするのは何のため？

> どうして席替えをするのでしょうか。時間もかかるし，4月当初の座席の
> ままでもよいのではないでしょうか。

　質問から入るのは，生徒を集中させるためです。一方的に話すと飽きられ
ます。生徒からは「いろいろな人と仲良くなるため」「学級のみんなのこと
を知るため」などの返答が予想されます。教師から目的や意義を伝えるばか
りでなく，生徒から意見を引き出すことも大切です。

> そうですね。先生は，皆さんに学級の多くの人と関わってほしいと願って
> います。もちろん仲のよい人がいるのはすばらしいことですが，話してみる
> と趣味が合う人，気が合う人が見つかることもあります。何より，この学級
> は1つの集団です。宿泊学習や体育祭，合唱コンクールなどの行事もありま
> すが，そのときだけ協力する，団結するのではなく，普段からチームワーク
> よく生活していってほしいのです。そのためにも，できるだけ多くの人と関
> わっていきましょう。

　生徒の意見を引き出した後，1年間を見通したうえでの担任の思いを伝え
ます。席替えに限らず，生徒に見通しを示すことは大切です。

> 皆さんはもう中学校2年生です。席替えの方法を自分たちで決めてほしい
> と思います。班長たちが相談して決める，くじで決める，先生が決めるなど，
> いろいろな方法があると思います。

　教師が押しつけるのではなく，生徒が主体的に学級のことについて考える
場になります。自分たちで話し合って決定したことなので，納得して席替え
に望むことができます。席替えをすることが目的ではなく，席替えを通して，
どのような力を身につけさせたいのかを考える必要があります。

席替え

席替えのシステム

1 班長や代表が決める

班長を選びます。例えば，生活班が８つであれば，男女４名ずつ選びます。
班長は立候補と推薦を併用し，学級全員で投票して決定します。

以下の基準で投票するように生徒に伝えます。

①まわりを見て，だれに対しても声をかけている。

②学習・生活態度が他の模範となっている。

③係や委員会の仕事に責任をもって取り組んでいる。

④みんなをまとめることができる。

班長が決定したら，８名の班長で班員や座席を話し合います。班長には以下の基準で話し合うように伝えます。

①しっかりと学習に取り組めることが最優先。

②班長の好き嫌いで班員を選ばない（そのようなことがあれば，次回からはすべて教師が決定すると伝えます）。

③身長や視力の配慮をする。

年度当初は，教師も話し合いに参加します。基本的に口は出しませんが，上の基準で話し合えているかどうかを見ます。年度後半になると，休み時間を活用して自分たちで決定できるようになります。

座席決定後に新しい座席を生徒に伝えます。

「班長たちが学習面・生活面などを考えて決定してくれました。万が一，変更してほしい場合は，本日中に班長または先生に申し出てください」

だれとでも関係を築く力を育成したい反面，それが難しい生徒もいます。席替えがきっかけで欠席することもあるので，個に応じた配慮は必要です。

１学期

2週に1回程度，班長から各班の現状を確認したり，教師が思っていることを伝えたりする機会を設けるとよいでしょう。自分の班のことをしっかり把握するきっかけになり，班長の成長にもつながります。自学級に目が行き届かない時間が長い中学校の担任にとっては，現状把握の助けにもなります。

2 くじ

くじは，中学生でも喜びます。座席図を黒板にかき，男子用・女子用のくじをそれぞれ引いてもらい，黒板にネームプレートを貼らせるだけです。同じ学級のどのような生徒とも関係を築いてほしいですが，関係の悪い生徒が隣同士になったり，トラブルの多い生徒が近くの席になったりする可能性もあります。「席替えメーカー」という席替え専用アプリも有効です。「目の悪い生徒を最前列にする」「トラブルが起こる生徒を離す」など，詳細な条件設定を行うことが可能です。

3 教師が決定する

人間関係や，身長・視力等の配慮事項を基に決定します。教師の意図を反映させやすい反面，生徒の不満が起こりがちです。

4 男女別方式

男子の席と女子の席をあらかじめ決めておき，まず男子だけが教室で席を決めます。次に女子が教室でどの席に座るのか決めます。最後に，教室に全員が入り座席に座ります。

2年生には自分たちのことを自分たちで決められるようになってほしいところです。効率性や公平性も加味し，席替えの方法を選んでいきましょう。

テスト勉強

> **ポイント**
> 1 担任の勉強方法を紹介する
> 2 取組の優先順位を認識させる

1 担任の勉強方法を紹介する

　2年生のこの時期になっても「勉強の仕方がよくわからない」と訴えに来る生徒はいるものです。繰り返しの学習が多く，勉強が単調になりがちで，集中力が続かず中だるみが生まれてしまいがちなのもこの時期です。そこで，担任が中高生のころに実行してみて効果があった勉強の工夫をいろいろ紹介してみることをおすすめします。例えば，気分によってペンの色を変える，付箋を多用してメリハリをつける，苦手な教科をすきま時間に勉強するなど，アイデアを凝らしてみるとやる気も出てきて効果が上がるものです。

2 取組の優先順位を認識させる

　2年生だと，実質テスト1週間前から勝負する生徒が多いのではないでしょうか。部活動もなくなるこの時期に，学習時間を確保する，ワークなどに繰り返し取り組むなど，これまで大切にしてきた勉強のルーティーンを目に見える形で示し，学習計画を立てるための指導を丁寧に行いましょう。その際，自分自身の課題を踏まえて，取組の優先順位を認識させることがポイントです。

【先生はこんな勉強法を使っていたよ】

今日はブルー
青ペン一色の日。

画力は伸びないけど，記憶力は上がる
社会や理科で，覚えられないものは図や絵にかく。（印象重視）

何事も習慣
英語は毎日 20:30 から。

すきま時間専用教科
先生の苦手 No.1 の社会の地理は，なかなかやる気が起きないので，持ち歩いていた。人前だとやる気になるので，部活の待ち時間や，塾の休み時間，暇なときなどに読んで覚えたよ。

完全制覇
基礎を徹底する教科ほど，購入する問題集は薄く。間違い直し，覚え直しを含めて，完全制覇が目標。

得意だからこそ
得意な理科と国語は，過去問題を中心に勉強したよ。50 分に慣れよう。できると思っていたら意外なところに落とし穴がある。

付箋活用
やることを付箋に書き，机の端に貼る。終わったら取っていくシステム。

ライバル
ページでも時間でも。同じ時間から勉強するのも。でも LINE つなぎっぱなしはマイナス。

担任の体験に基づいたおすすめ勉強法の紹介通信

期末テストまであと一週間！

【家庭学習時間の平均（分）】

	4日(月)	5日(火)	6日(水)	7日(木)	8日(金)	9日(土)	10日(日)	合計
1組	156	158	148	157	138	163	183	1103
2組	120	123	127	145	118	221	197	1051
3組	125	125	137	152	118	158	181	996
4組	126	115	127	124	112	172	171	947
5組	135	140	144	186	117	160	189	1062
6組	137	143	141	135	112	116	162	950
学年平均	133	134	136	150	119	165	181	1018

　この取り組み結果から，皆さんが期末テストに向けて前向きに努力していることがよく伝わってきました。部活動，中には夜の練習もある中で，2～2時間半の学習を行うことは大変だったでしょう。けれど，<u>「計画的に物事を進める」「時間を上手に使う」</u>といった，<u>社会人として必要な力を養う機会</u>にもなりましたね。

　そして，いよいよ部活動も停止となり，今週は本格的にテストに向かう時間となりました。再度，次の項目を確かめてみましょう。

	時　　　分
1、学習の開始時間は何時ですか？	
2、ワークや宿題の残力を把握していますか？	はい・いいえ
3、基礎学力テストの結果を意識していますか？	はい・いいえ
今週頑張らなければいけないランキング	

テストまで残り1週間での中間振り返り通信（抜粋）

テストに向けた
学級の雰囲気づくり

ポイント
1　塵も積もれば山となる「スタート学習」を活用する
2　「こんなこともできるよ！」メッセージを発信する

1　塵も積もれば山となる「スタート学習」を活用する

　　毎日わずかでも学習を累積すれば，相応の効果が期待できます。例えば，テスト前に限定して，授業の最初2，3分間を「スタート学習」として取り組んでみてはいかがでしょうか。学習委員の生徒から教科担任の先生に了解を得たうえで，班内でお互いに問題を出し合い，前の授業内容を復習するというシンプルなものです。授業前から始めるのであれば，強制にならないよう十分配慮します。1回2，3分でも，続ければ毎週1時間程度の学習ができますし，テストに向けて学級全体の雰囲気も盛り上がりが期待できます。

2　「こんなこともできるよ！」メッセージを発信する

　　やる気はあるけれど，自分の弱さに負けて，ついつい勉強中に他のことに手を出してしまうという悩みを多くの生徒が抱えています。しかし，ちょっとした環境変化で集中できるのも勉強です。そこでタイミングを見計らって，「こんなこともできるよ！」といった視点を学級通信や掲示物で提示してみることをおすすめします。シンプルに自分を鼓舞するスキルも，長丁場の受験勉強では重要な力になるでしょう。

今週はテストがありますね。というわけで，アドバイス。

スタート学習を早めに始めよう。
そして，テスト範囲の問題を少人数で出し合ってみよう。
3分×6時間目まで×3日＝約1時間。
5分なら，1時間半の学習になる。
たかがスタート学習，されどスタート学習。

授業最初3分間の「スタート学習」の価値づけメッセージ

テストまで1週間
「こんなこともできるよ！」メッセージ

①まずすることは，LINEの返信にプラス一文！
　「テストが近いからもう返事しない！」
　こう宣言すれば，一緒にがんばる仲間もわかってくれるはず。

②次にすることは，軽く部屋の整理整頓！
　漫画やゲームなどはいつもより遠いところに。
　学習に集中できる環境を自分でつくる。

③そして最後にすることは，願う！
　願えば叶う。
　自分を励ます言葉や目標とする点数，姿などを紙に書いて，
　見えるところに貼る。
　「できる，できる。やればできる。君ならできる。平均80点突破！」

ラストスパートに向けて意欲を鼓舞する通信や掲示物

教室トーク
「『知識・技能』ってなんだ？」

1 話し始める前に

　２年生になると，自分の成績に対する関心もかなり高くなってきます。この時期は，他者との比較から自分の位置を探そうとする生徒もたくさんいます。しかし，本当に大切なのは，自分自身を知ることです。自分の将来も考えつつ，自分には何ができるのか，何をすべきなのかを考える絶好の時期になります。そうした時期に自分がどのように評価されているのかを知ることは極めて重要なことです。

　そこで，通知表に記載されている観点別の評価に注目させることから，自分自身を知るきっかけをつくります。まず，１学期には評価の３観点のうち「知識・技能」について生徒に考えさせます。何となくはわかっているものの，どんなふうに評価されているのかを知る生徒は少ないと考えられます。他の観点の基盤ともなる「知識・技能」についてここでゆっくりと語ることは大きな意味があります。

2 トークの概要

①観点別評価の確認（観点別の評価に興味をもたせる）
②３観点の確認（３観点に対する関心をもたせる）
③「知識・技能」という評価の意味
　（どのような評価でどのように評価しているのかを知る）
④学びの姿（これからの学びをどうするかを考える）

トーク

「知識・技能」ってなんだ？

　通知表の記載の中に，各教科の３つの観点から皆さんの学習を評価している項目がありますが，わかりますか？

何となく見ていた各教科の観点別評価に注目させます。

　この観点の意味を考えて通知表を見ている人はどれくらいいるでしょうか。２年生のこの時期に，いま一度その意味を確認してみたいと思います。さて，多くの教科は３つの観点が記されています。「知識・技能」「思考・判断・表現」そして「主体的に学習に取り組む態度」の３つです。それぞれどのような観点なのか知っていますか？

この機会に３観点について改めて確認します。そして，どのような観点であるのかについて考えさせるきっかけをつくります。

　まず，１学期は「知識・技能」についてお話をしましょう。この観点がどのような主旨であるか知っている人はいますか？　この観点は，「何を知っているか，何ができるか」ということを評価する観点です。学ぶべき内容について，体系的に理解できていて，応用できる形で頭に入っていることが重視されています。体育や美術などでは，基本的な技術が身についているかを評価しています。

「知識・技能」が基盤となって，問題解決の力や判断力が養われることについても触れると，その重要さがはっきりと認識できます。

　では，今学期の「知識・技能」の評価を改めて確認し，来学期にはどのような点を意識して学習を進めるか確認してみましょう。

再度，通知表に記載されている観点別評価を確認させ，２学期以降の学習の目標づくりの視点を与えます。

通知表

所見文例

●2年生になり前向きな姿勢に変わった生徒

　2年生になり，様々なことに挑戦しようとする意識が高くなりました。積極的に生徒会役員選挙に立候補するなど，人の役に立ちたいという思いを行動に移すことができるようになりました。

　大きな変化の見られる生徒は，認めてもらうことで自信になります。何が変わったのかを示し，励ましの言葉を添えることが大切です。

●2年生になって生活が乱れてきた生徒

　新しい環境に慣れ，自分らしくゆったりとした学校生活を送ることができています。一つひとつに目標をもつことによって，ワンランク上の規律ある生活を送ることができます。

　生活のルーズさを生徒の「ゆとり」と捉えるとともに，緊張感をもたせるために「目標」の重要性を前向きに示しています。

●上級生としての自覚が芽生えた生徒

　新入生に中学校の様子を紹介する手紙を書き，自らの1年間の成長を実感するとともに，上級生としての役割を果たすことができました。

　2年生としての自覚は，下級生との関わりから記述することが大切です。

●道徳の授業において成長が見られた生徒

　役割演技をする中で，自分の思いをセリフに込めて演じきることができるようになり，登場人物の心情面を深く考えるようになるとともに，道徳的実践意欲を高めることができました。

役割演技などの学習活動を捉えて成長を評価します。

●「いのち」をテーマとした総合的な学習の時間に活躍した生徒

　「いのち」の授業を通して，他者の生き方に学ぶことの大切さを知るとともに，自身の使命や将来の生き方を深く考えることができました。

生徒の振り返りを端末等に保存して，その成長を見取ることが大切です。

●責任ある行動ができた生徒

　緑化委員として毎日の散水を忘れることなく行うことができました。その責任ある行動は，校外学習の際にも大いに発揮されました。

１つの行動は多くの行動と連動していることを意識することが大切です。

●不登校を克服して登校できるようになった生徒

　１日１日を大切にし，落ち着いて学校生活を送ることができています。今後も，無理をすることなく，自分のペースを大切にしてください。

過度な期待や要望をせず，生徒のペースを最優先にすることが大切です。

通知表

●自己中心的な行動が目立つようになった生徒

　新しい学級になり，自分の考えを率直に伝え，新しい友人関係を構築しようと努力しました。相手の思いや考えを積極的に受け入れていく心のゆとりをもつと，より確かな信頼関係が生まれます。

友人関係づくりに何が欠けているかを考えさせることが大切です。

●職業体験で大きな変化があった生徒

　職業体験活動を終え，自分のために一生懸命に働いている家族に対する考え方や労働に対する考え方が大きく変わりました。

職業体験を終えての振り返りには，生徒の成長が多く綴られています。

●結果は出ていないものの地道に努力を続けている生徒

　与えられた課題を一つひとつ丁寧にやりとげるすばらしい力をもっています。このひたむきな努力は必ず大きな成果と自信に結びつきます。

目先の結果にこだわらず，地道な努力を継続させることが大切です。

●授業中意欲的に発言できる生徒

　授業中，集中して友だちの考えをよく聞き，自分の考えをつけ加えながら意欲的に発表することができます。

友だちの意見を尊重できるというよさもあわせて伝えています。

●対話から自分の考えを見つめることができるようになった生徒

　　ワールドカフェ形式の対話を通して，自分の考え方を多面的・多角的に捉えることができるようになり，問題解決への糸口を見つけることができました。

対話を中心とした学習においては，このような変化が多く生まれます。

●進路について考え始めた生徒

　　卒業生の体験談を聞く会をきっかけに，学ぶことの意義をじっくり考え，自分の進路決定に向けての学習意欲を高めることができました。

2年生のうちに進路への意識の変化を捉えることが大切です。

●宿泊学習で活躍した生徒

　　野外活動で，班長として目的意識をもって体験活動に参加し，豊かな自然の中で仲間との絆を深めることができました。

宿泊学習は生徒のよさが随所に発揮されるので微細な記録が大切です。

●覚えることは得意でも創造性に欠ける生徒

　　基礎的な知識や技能がしっかり身についてきました。来学期は，これらを活用し，新たな考えや独創的なアイデアを生み出してみましょう。

次の段階へのステップを意識させ，目標をもたせることが大切です。

教室トーク
「学習習慣はすぐには身につかない」

1 話し始める前に

　２年生の夏休みは，どうしても生徒の気持ちに緩みが出がちです。しかし，この休みの過ごし方でこれからの学校生活が左右されると言っても過言ではありません。この夏休みを，規則正しく，学習を習慣づけて過ごすことができれば，夏休み以降も継続して学習に取り組むことができるでしょう。

　２年生に限らず，担任として伝えたい３つのメッセージがあります。
①命を大切に（水の事故や交通事故，事件に巻き込まれることを避ける）
②長期休みを生かし，普段はできないことに挑戦する
③規則正しく，計画的に過ごす

　この時期から，学校から心が離れていく生徒もいますが，嫌な雰囲気をつくらせないために，自分の学級に対する愛情を伝えます。そうして，９月以降も心をつなぎとめましょう。

2 トークの概要

①２年生の夏休みの心構え
　（なぜ２年生の夏休みが重要なのかを語る）
②担任として伝えたい３つのこと
　（夏休みの過ごし方として気をつけることを語る）
③９月，成長した姿を見たいこと
　（夏休み明けの登校が楽しみになるような言葉かけ）

学習習慣はすぐには身につかない

> いよいよ夏休みですね。楽しみにしていることはありますか？ 少しまわりの人と話してみましょう。

場の雰囲気を和ませるための問いかけです。生徒が教師の話を聞くだけの時間にならないよう，生徒同士で交流する時間をつくります。

> さて，夏休みの前に3点伝えます。1つ目は，規則正しい生活を心がけ，学習に計画的に取り組んでほしいということです。この夏休みは受験の準備段階です。「来年からがんばればいい」と思っていても，学習習慣はすぐには身につきません。今年から計画的に学習し，習慣にしたいですね。

あえて「受験」という言葉を使って緊張感をもたせていますが，使い過ぎると窮屈になるので，生徒の実態に応じて言い換えてもよいでしょう。

> 2つ目は，長期休暇を生かし，普段はできないことに挑戦することです。毎日の家族の手伝いなど，目標を決めるとよいですね。3つ目は，命を大切にすることです。毎年，川や海の事故が起きたり，交通事故の被害に遭ったりして中学生が亡くなるという痛ましいニュースが必ず出ます。またSNSを介した犯罪被害も増えます。9月，だれ1人欠けることなく，元気な姿でまたこの教室に集まりたいです。本当に気をつけてください。

命を大切にしてほしいということは，特に気持ちを込めて伝えます。

> 4月からこれまで皆さんのいろんな姿を見てきました。心配になることもあったけど，底力には驚かされるばかりです。9月以降も皆さんとともに過ごせるのが楽しみです。皆さんのことだからこの夏休みも成長を止めないでしょう。9月に会えるのを楽しみにしています。元気に過ごしてください。

担任として，率直な気持ちと期待しているというメッセージを送ります。

終業式

学級活動

1　学級目標を振り返る

　学級目標を振り返るよい機会です。特に２年生では，帰属意識や仲間意識が薄れてしまう生徒も出てきます。学級委員と相談して，どんな視点で振り返るか，振り返ったことをどう次につなげていくかなどを決めておきましょう。２学期以降は学校のリーダーになる機会も増えます。リーダーの種まきもしておきたいところです。

2　規則正しい過ごし方の指導をする

　２年生の夏休みはなんとなく過ごしがちですが，来年に向けて今のうちから規則正しい生活を送る習慣をつくっておきたいところです。また，これまでの学習内容の振り返りや９月以降の予習にたっぷり時間を割けるチャンスでもあります。年度後半に「いよいよ３年生」という雰囲気を醸成していくためにも，規則正しい過ごし方の指導をしておきましょう。部活動に熱中する生徒もいます。多くの部では夏休みのタイミングで３年生が引退し２年生主体になります。自分たちが率いていく立場になって，もどかしさを感じる生徒もいるかもしれません。そんな生徒たちのケアも忘れてはいけません。

名前(＿＿＿＿＿＿＿＿＿＿)

①4月から今までの自分の振り返り

全力	自分は、何事も全力で取り組んでいる。	1	2	3	4
にこにこ	自分は、毎日笑顔で過ごせている。	1	2	3	4
学習	自分は、学習に集中できている。	1	2	3	4
メンバー	自分は、仲間とも良い関係を築いている。	1	2	3	4

振り返りの視点は学級目標に合わせて

夏休み計画表 規則正しい生活を送ろう。提出不要です。 ＿＿組 ＿＿番【 ＿＿＿＿＿＿＿ 】

	5	6	7	8	9	10	11	12	13	14	15	16	17	18	19	20	21	22	23	24	合計	一言振り返り
7月15日 土																					時間	
7月16日 日																					時間	
7月17日 月																					時間	
7月18日 火																					時間	
7月19日 水																					時間	
7月20日 木																					時間	
7月21日 金																					時間	
7月22日 土																					時間	
7月23日 日																					時間	
7月24日 月																					時間	
7月25日 火																					時間	
7月26日 水																					時間	
7月27日 木																					時間	
7月28日 金																					時間	
7月29日 土																					時間	
7月30日 日																					時間	
7月31日 月																					時間	
	5	6	7	8	9	10	11	12	13	14	15	16	17	18	19	20	21	22	23	24		

生徒の実態に応じて夏休みの計画表を配付します

教室トーク
「『学校の顔』として活躍しよう！」

1 話し始める前に

　２年生の２学期は，大変重要な学期です。なぜなら，これまで学校の中心として活躍してきた３年生が様々な場面で引退し，２年生にバトンが託されるからです。また，２年生後半の過ごし方が，その後の進路にも大きな影響を与えることが多いからです。裏を返せば，意識を高くもち，目標を明確にすることで，充実した毎日を送ることができるようになります。決して高い目標を掲げなくてもよいのです。自分たちが何をしたいのか，何をしなければならないのかをしっかり考えさせたいものです。担任としての願いも伝えながら，生徒自身に「学校の顔」としての自覚と責任をもたせることが重要です。また，この時期は心身のバランスを崩しやすい傾向があります。夏休みを終え，生活や学習面でなんとなくやる気が出ない生徒もいます。生徒に寄り添いながら，「心」を一緒に整えていくことも担任の大切な役割です。

2 トークの概要

①２学期の学校・学年行事（１年生のときの経験を基に，次年度も見据えながら自分の力を発揮する場面を考えさせる）
②２年生の２学期は中学生活の重要なターニングポイント（今後の中学校生活への意欲を高める）
③望ましい姿（これまでの生活や学習の態度を振り返り，「学校の顔」としての自覚をもたせる）

「学校の顔」として活躍しよう！

> 今日から2学期が始まります。2年生にとって，とても大切な学期です。さて，それはどうしてでしょうか？

夏休みを終えて，生徒一人ひとりの表情はどうでしょうか。ここで，質問を投げかけることによって，生徒の反応を注意深く見るようにしましょう。夏休みの過ごし方の違いによって，反応は大きく異なります。集中力を欠く生徒もきっといることでしょう。いずれにせよ，休み明けのスタートはとても大切です。生徒のちょっとした変化にも気を配るようにしましょう。

> なるほど，そうですね。この2学期は皆さんの意見にもあったように，体育祭や学校祭などの大きな学校行事が続きます。昨年の行事のことは覚えていますか？　経験してわかっている人も多いとは思いますが，自分がもっている力を発揮し，みんなで協力することがとても大切です。そうでなければ，よいものなんてできるはずがありません。そして，3年生が引退した後，今度は皆さんが「学校の顔」として活躍する番です。そのこともしっかりと自覚して，中学校生活を送ってほしいと思います。

中学校生活のターニングポイントであることに気づかせ，意欲をもたせることが大切です。自分の考えを簡単に書かせてみるのもよいでしょう。

> さて，それでは具体的に何ができるでしょうか？　日常の学校生活や学習，そして部活動や生徒会活動など，自分の行動をいま一度振り返ってみてください。もちろん，皆さんにはよいところがたくさんあります。ただ，改善しなければならないところもあります。一人ひとりが自分自身の行動を振り返り，さらによりよいものを築いてほしいと願っています。

2年生は「学校の顔」と言われます。その自覚と責任をしっかりともって，積極的に取り組む姿勢をもち続けてほしいという願いを伝えます。

始業式

学級活動

> ポイント
> 1 リーダーとしての自覚を促す
> 2 2学期の決意を明確にさせる

1 リーダーとしての自覚を促す

　2学期になると，生徒会活動や部活動など，学校生活の様々な場面で学校のリーダーとしての役割を担うことになります。そのことをしっかりと意識させたいものです。

　2学期はじめの学級活動で，具体的にどのような役割を果たさなければいけないのか，まずは自分で考えさせてみましょう。その後，クラスメイトと意見交流すれば，自分が果たさなければならないことがおのずとはっきり見えてくることでしょう。自分たちで考え，気づくことが大切です。

2 2学期の決意を明確にさせる

　これまでの学校生活では3年生が自分たちをリードしてくれる場面が多かったことでしょう。お世話になった上級生に感謝の気持ちをもつことはとても大切です。そして，次は自分たちが後輩のために力を注ぐ姿勢をもってほしいものです。日常の学校生活からよきお手本となって行動するよう促してみましょう。そこで2学期の決意を書かせます。教室に掲示して普段から意識させるなどの工夫をするのもよいでしょう。

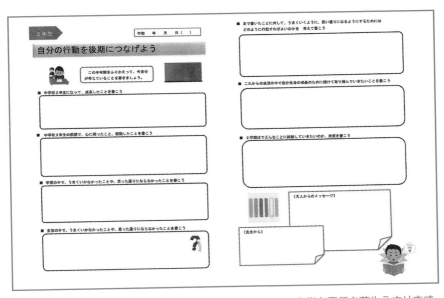

これまでの自分の行動を振り返りながらリーダーとしての自覚と責任を芽生えさせます

自分が立てた目標をどうしたら達成できるかを具体的に考えるのもよいでしょう

教室トーク
「学級組織は全員で構成するもの」

1 話し始める前に

　学校生活に慣れ，「ここまでやれば叱られない」と悪い方向に効率化しやすいのが，2年生の特徴の1つです。もちろん，学校生活や学習は，叱られないために行うのではありません。

　2学期の学級組織づくりでは，それまでの活動への取り組み方を振り返り，学級の問題を自分事として捉えさせる大きなチャンスです。

　また，上であげたような中だるみをネガティブにだけ捉えず，いろいろなことにチャレンジすることができる期間でもあると捉えましょう。生徒たちなりの考えで学級組織づくりを行い，時には失敗をしながら，3年生からバトンを受け取る準備を整えていくのです。

　2年生の段階では，口や行動で素直に表せない生徒が多いことに配慮し，生徒の姿をしっかりと担任の目で見て声をかけることが大切です。また，アンケートなどでそれぞれの生徒の思いを書かせるのも，生徒の思いを知るうえで効果的です。

2 トークの概要

①学級運営に関するアンケートの結果について
②学級組織づくりの目的
③最高学年に向けて，学級運営に主体的に関わる大切さや，その過程で得られる学び

学級組織は全員で構成するもの

> 先日，学級での活動についてアンケートを行いましたが，とてもうれしいことがありました。それは，学級役員や係，当番活動に一生懸命取り組んでいる人がほとんどだということです。そして，先生が後悔していることがあります。それは，そのようにがんばって取り組んでいる人たちにどれだけ声をかけられたかなぁということです。先生は，やっていない人が目についてしまい，注意することが多くなってしまいました。

できていないことを指摘するよりも，できていることを認めるようにしましょう。また，「担任も生徒と同じで，学級をよりよくしたいと願う一員である」というスタンスも伝えましょう。

> 学級組織は，よりよい学級にするための2年○組全員で構成されるものです。2年○組をよりよい学級にしようとする一人ひとりの気持ちが大切です。そして，自分たちで今までの活動を振り返り，改善していくことが必要です。

2年生では，まだ自分中心であったり，受け身であったりする生徒も少なくありません。自分たちの学級をつくっていくのは自分たちなのだと改めて強調します。

> 自分たちのことを自分たちで決めることは大切ですが，もちろんうまくいかないときや失敗するときもあります。たとえうまくいかなくても，それは3年生に向けて貴重な経験になります。

「学校は失敗するところだ」とよく言われますが，生徒一人ひとりが目的意識をもって計画や実行，振り返りをしなければ，そもそも失敗を実感することがありません。それらをきちんと経験させ，最高学年に向けての準備を進めていきたいものです。

学級組織づくり

学級活動

ポイント
1 振り返りシートで事前に自己評価を行う
2 学級づくりアンケートを行う

1 振り返りシートで事前に自己評価を行う

　後期の学級組織づくりの前に，右ページ上のようなシートで振り返りを行っておきます。日常の活動の中で生徒の姿を見て判断することも大切ですが，振り返りシートの記述を見ると，がんばっているように見える生徒の自己評価が低かったり，いい加減にやっているように見える生徒がこだわりをもって取り組んでいたりすることに気づくことがあります。

　普段から見ている姿に生徒の自己評価が加わることで，「もっと学級をよくしたい」と思えるような言葉かけにつながっていきます。

2 学級づくりアンケートを行う

　この段階の学級づくりアンケートでは，学級に必要な役割をあげさせ，学級役員や係活動，当番活動に反映させていくとよいでしょう。

　役割を決めていくときは，役割ははじめから決まっているものでもだれかが決めてくれるものでもなく，自分たち自身で決めていくものだという強い自覚を全員にもたせましょう。

振り返り	◎・○・△	理由
進んで係活動に取り組むことができたか。		
クラスのみんなのための活動にすることができたか。		
協力して係活動に取り組むことができたか。		
進んで清掃活動に取り組むことができたか。		

振り返りシート

２年○組　学級づくりアンケート

1　どんな学級にしたいですか

（　　　　　　　　　　　　　　　　　　）学級

2　そのためにどのような役割が必要ですか。

学級づくりアンケート

準備・練習

ポイント
1　リーダーとフォロワーについて説明する
2　よいフォロワーに大切なことを考えさせる

1　リーダーとフォロワーについて説明する

　2年生は新鮮さという意味では1年生より欠け，責任感という意味では3年生より抱きづらい学年です。だからこそ，「縁の下の力持ち」という視点をもたせたいところです。チームで1つのことを成功させるためには，リーダーの存在はもちろん大切ですが，フォロワーの存在も重要です。2年生にとって体育祭はフォロワーシップについて学ぶ絶好の機会になります。まずはリーダーとフォロワーの違いを説明します。

2　よいフォロワーに大切なことを考えさせる

　次に，フォロワーに必要なものは何か話し合う機会を設定します。そして，出てきた意見を基に，大切にすることをクラスで3つに絞ります。それを「すてきなフォロワーの3つの条件」とします。

　また，縁の下の力持ちとしてがんばっているクラスメイトの姿を見つけたら，記録しておくように伝えましょう。

リーダー

フォロワー

グループやチームの中で
リーダーに共感し，協力
して目標をサポートする
役割を担う。

グループやチームの中で
他のメンバーを導き，目
標を達成するために方向
性を示す役割を担う。

リーダーとフォロワーの説明

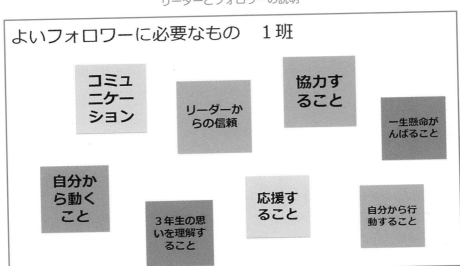

よいフォロワーに必要なもの　　1班

コミュ
ニケー
ション

リーダーか
らの信頼

協力す
ること

一生懸命が
んばること

自分か
ら動く
こと

3年生の思
いを理解す
ること

応援す
ること

自分から行
動すること

よいフォロワーに大切なことの話し合い例

教室トーク
「最高のフォロワーとして活躍しよう！」

1 話し始める前に

　準備や練習を通して，集団やチームとして１つのことを成しとげるために
は，リーダーとそれを支えるフォロワーが必要であるということを話してき
ました。そのことを踏まえ，体育祭当日にも，フォロワーとして活躍できる
ように声をかけましょう。そうして達成感を味わわせ，翌年につなげたいと
ころです。

　そのためには，当日の流れを確認し，頭の中でシミュレーションすること
が大切です。そのうえで，具体的に何ができるかということを出し合い，行
動のイメージをもたせます。イメージできたところで，自分たちで決めた
「すてきなフォロワーの３つの条件」に合った行動を考え，特に自分ががん
ばれそうなことを生徒自身に決めさせます。心理学では，自己決定したもの
ほど遂行意欲が高いということがわかっています。生徒が自分で決めた役割
を遂行できるように，最後は応援のメッセージを伝えましょう。

2 トークの概要

①「よいフォロワーの３つの条件」の確認
②体育祭当日のイメージリハーサル
③体育祭当日の自分の役割の自己決定

最高のフォロワーとして活躍しよう！

> チームで１つのことを成しとげるためには，リーダーも大切ですが，フォロワーの存在も大切でしたね。皆さんは，今日まで３年生というリーダーのもと，フォロワーとしてがんばってきたと思います。このクラスで決めた「すてきなフォロワーの３つの条件」は覚えていますか？

ここまで「縁の下の力持ち」となってがんばってきたことをほめます。そして，クラスで決めた「すてきなフォロワーの３つの条件」を確認します。

> そうでしたね。体育祭当日の今日も，この３つを発揮して，最高のフォロワーとして活躍してほしいと思います。そのために，今日の流れを把握して，自分がどこで何をすればよいのかをイメージしてみましょう。

いまいちイメージできないところは，周囲と確認したり，教師に質問したりする時間を取るとよいでしょう。多くの場合，イメージできていないからこそ，その場での指示待ちになったり，受け身になったりします。当事者意識をもって行動できるようにするためには，自分の行動をイメージできるということが大切です。

> では，体育祭の中で，あなたは「すてきなフォロワーの３つの条件」を基に考えると，どういう役割ができそうですか（何人かの生徒にあてる）。自分でこれはやろうと決めたことをぜひ積極的にやってほしいと思います。みんなの活躍を応援しています。そして，お互いにがんばっている姿を見つけたら「いいね！」「がんばっているね！」「ナイス！」などの声をかけ合えるとよいですね。

最後は，お互いにポジティブな声かけをし合うことを推進するとよいでしょう。これがピアコーチングにつながります。

体育祭

振り返り・事後指導

> ポイント
> 1 フォロワーの大切さを再確認する
> 2 体育祭を通して見つけたよいところを伝え合わせる

1 フォロワーの大切さを再確認する

　2年生は「縁の下の力持ち」として，体育祭を支えてきました。リーダーとして活躍した3年生が目立ちますが，3年生を支えた2年生も大切な存在であったことを自覚させたいところです。どのような集団も，リーダーだけではなく，フォロワーが必要であることを再確認します。フォロワーとして意識したことを生徒に聞いてみるのもよいでしょう。

2 体育祭を通して見つけたよいところを伝え合わせる

　事前に，体育祭を通してクラスメイトのがんばりやよいところを見つけて記録しておくように伝えておきます。その記録を基に，クラスメイトのよいところを伝え合う活動を行います。これはピアコーチングの一種です。対等な関係の中で，お互いに認め合い，ほめ合うことが，生徒の自己効力感や自己有用感につながります。クラスメイトのよいところに限らず，3年生や1年生のよいところにも目を向けさせ，来年自分たちがどのようなリーダーになりたいかを話したり，書いたりする活動も効果的です。

体育祭で見つけたクラスメイトのよいところ

準備や当日の活動を通して見つけた
クラスメイトのよいところを書き出そう！

○○さん	○○さん	○○さん	○○さん	○○さん	○○さん
○○さん	○○さん	○○さん	○○さん	○○さん	○○さん
○○さん	○○さん	○○さん	○○さん	○○さん	○○さん
○○さん	○○さん	○○さん	○○さん	○○さん	○○さん
○○さん	○○さん	○○さん	○○さん	○○さん	○○さん
○○さん	○○さん	○○さん	○○さん	○○さん	○○さん

発見者：（　　　　　）番　名前（　　　　　　　　　　　　　　　　）

よいところ発見記録シート

教室トーク
「1票の重みを自覚しよう！」

1 話し始める前に

　後期の生徒会役員選挙は，2年生が中心になっていく場合が多いです。学級の中に，生徒会役員選挙に立候補をした生徒がいる場合は，学校をよりよくしようとする姿勢を大いに称賛し，自ら積極的に動こうとする勇気を価値づけるとともに，そのような姿勢を学級全体で応援する雰囲気をつくっていけるとよいでしょう。立候補者が学級の中にいない場合でも，後期の生徒会役員選挙では，同じ学年から立候補者が多く出ていることを確認するなどして，2年生が学校の中心となっていく学年であるという自覚を促しましょう。

　また，生徒会役員選挙の流れや意義を改めて丁寧に説明しましょう。生徒会役員選挙は生徒会の代表者を決める大切な選挙であり，投じる1票が学校を動かしていく力になっていくことを確認し，真剣な気持ちで候補者の名前や考えを知り，選挙に臨むことが大切であることにも触れましょう。

2 トークの概要

①2年生という学年（後期は中心となり学校を動かしていく学年であることを伝える）
②生徒会役員選挙の流れと意義（選挙管理委員会設置から当選者の発表までの流れと，選挙が大切にされる理由を伝える）
③生徒会役員選挙の意義（生徒会の代表を決める大切な選挙であり，投じる1票が学校を動かしていく力になることを伝える）

1票の重みを自覚しよう！

　後期になると，部活動や委員会など，様々な場面で２年生が中心になっていきます。生徒会も２年生が中心になります。２年生の後期は，いよいよ学校の柱になっていく時期です。

　生徒会役員選挙に限らず，様々な場面で２年生が学校の中心になっていく時期です。日頃から繰り返しそのような話をしていくことで，生徒の意識を高めていくことができます。

　今回の生徒会役員選挙では，このクラスから○○さんが立候補しています。学校をよりよくするために動こうとしている勇気や姿勢が，先生はとてもすてきだと思います。他にも２年生で多くの立候補者がいます。このように，２年生から積極的な人たちが出てきてくれることがとてもうれしいです。

　学校の中心として積極的に動こうとしている生徒を積極的に価値づけ，学級全体，学年全体でそのような雰囲気づくりに努めます。

　生徒会役員選挙の流れは覚えていますか？　生徒会役員選挙は，生徒会の代表を決める大切な選挙です。皆さんの１票が学校をよりよくする力になっていきます。また，今回の選挙では，信任投票になっている役職があります。信任する場合は○，信任しないときは×をつけますが，自ら学校のために動こうと立候補した人ですから，先生としては，そういう人の思いを感じ，わかってあげられるといいなと思います。

　選挙管理委員会，立候補，選挙活動，立会演説会，投開票，発表という流れを確認しましょう。また，投じる１票の重みにも触れ，真剣な態度で選挙に臨むよう伝えましょう。信任投票では必ず○をつけるように言うことはできませんが，立候補者の思いを想像させるなどして，意味もなく×をつける生徒が出てしまわないよう，信任投票の意味を押さえておきましょう。

生徒会役員選挙

学級活動

> **ポイント**
> 1 全生徒が生徒会のメンバーであることを確認する
> 2 自分にできることを考えさせる

1 全生徒が生徒会のメンバーであることを確認する

　後期になると，部活動や委員会など，様々な場面で学校の中心が３年生から２年生へと引き継がれていきます。生徒会もそのうちの１つです。部長や委員長となり，その自覚を高める生徒が出始める一方で，「生徒会＝生徒会役員」であると思い込み，他人事のように捉えている生徒も少なくありません。そこで，あらためて，「生徒会＝全生徒」であることを確認し，自分も生徒会の一員であり，２年生は中心となって学校を動かしていく学年であることを確認しましょう。

2 自分にできることを考えさせる

　生徒会の一員としての自覚を高めるには，何か特別なことをするのではなく，身近なことで自分自身にできることを考えさせていくことから始めるとよいでしょう。自分自身の生活の様子を振り返らせ，改善すべき点を見いだしたり，学活の時間に学級全体の様子を振り返らせ，できていること，改善するべきことなどを考えさせたりして，よりよい学校生活のために自分にできることが何かを意識させていくことが大切です。

	項　　目	自　己　評　価		
学習態度	①チャイム着席をよく守った	Ⓐ	B	C
	②忘れ物をしなかった	Ⓐ	B	C
	③無駄話をせずに. 話をよく聞いた	Ⓐ	B	C
	④しっかり発言できた	A	B	Ⓒ
	⑤家庭学習や課題はきちんとできた	A	Ⓑ	C
学級活動	①話し合いでよく発言した	A	Ⓑ	C
	②決まったことはよく守った	A	Ⓑ	C
	③自分の仕事は責任をもって行った	Ⓐ	B	C
当番活動	①自分の責任をきちんと果たした	Ⓐ	B	C
	②みんなと協力して活動した	Ⓐ	B	C
	③自分から進んで取り組んだ	A	Ⓑ	C
学校行事	①行事には進んで参加した	A	B	Ⓒ
	②みんなと協力して参加できた	A	Ⓑ	C
	③自分の役割を責任もって果たした	Ⓐ	B	C

自分にできることを考えた自己評価シート

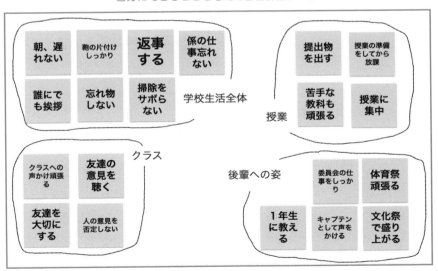

自分にできることをクラスやグループで共有する様子

学級集団形成

ポイント

1 　4月からの学級集団形成をきちんと行う
2 　目的を明確化させる

1　4月からの学級集団形成をきちんと行う

　合唱はパートでみると10人前後の集団での協力が必要な行事です。1年生終了時には学級によって集団形成の段階が様々であり、協働のスキルや意識にも個人差があるため、4月から合唱の取組開始までの間の意図的・計画的な学級集団形成が重要になります。「みんなで決めたルールが守れる」「生徒同士の関係が建設的で、少なくとも4〜5人のグループでメンバーが入れ替わっても協力・協働ができる」「リーダーとフォロワーそれぞれが役割を遂行し連携できる」もしもこのような状態になっていない場合は、右表にある手立てを、不足している段階から順に打ち、準備しておく必要があります。

2　目的を明確化させる

　行事の目的は、行事を通して日常生活の質を向上させることです。そのことを事前に明確に示し、「合唱コンクールの取組を通してどんな学級になっていたいか」について話し合わせ、具体化し、取組の途中やコンクール後にはこの目的の達成度について確認させます。話し合いの手段は様々ありますが、2年生の段階では、より合意形成の意識をもって活動させます。

時期	やるべきこと
4月	**❶ 学級目標とルールの設定** ・「3月の解散時にどんな学級になっていたいか」を学級全員にアンケートして，分類・整理しながら全員の同意のもとに学級目標を設定する。1年間の行事予定表を見せながら行うとイメージさせやすい。また，学級目標達成のためのルール設定も同時に行う。以降，授業や学校生活，行事等を学級目標やルールと結びつけさせていき，定期的に達成度を確認していく。 **リレーションの形成Ⅰ** ・授業の冒頭やペア活動の前に緊張緩和のためのアイスブレイクを入れてから活動させる等して，徐々にリレーション形成を図っていく。学活や授業のすきま時間を活用して短いレクを複数回入れる。 ・対人関係の基本となる「時間を守ること」「あいさつの仕方」「話の聴き方」等を指導する。 ・問題傾向のある生徒と積極的に関わる。 **リーダー育成Ⅰ** ・学級で中心となるメンバーに，リーダー・サブリーダーの仕事を教え，活動させる。話し合い活動の司会をはじめ，まずは教師が見本となってモデルを示す。はじめの段階では丁寧に関わり，リーダーとして成功体験を積ませる。また，それを見たフォロワーにも「リーダーをやってみたい」と思わせる。
5〜9月	**❷ 学級目標に対する意識の向上とルールの定着** ・学級目標やルールに沿った行動を色々な手段を使ってほめ，強化し，学級全体に広げていく。(例) 学級通信，ホワイトボードと付箋紙を活用したよいところ探し，帰りの会で「今日のMVP」発表等 ・ルール違反に対しては，自分自身の行動についてどう考えているのかを言わせることで責任感の形成を図ったり，責任の取り方 (事後の行動) を教えることで，ルール違反を減らしていく。 **リレーションの形成Ⅱ** ・4月の形成Ⅰも継続しながら，意図的な席替えも活用して，さらなるリレーション形成を図る。 ・集団生活を送るうえでのマナーや，対人関係のつくり方等を指導する。 ・学級目標やルールに沿った行動をほめることで，生徒同士の認め合いにもつなげ，リレーション形成をさらに進める。 ・グループ活動の機会を徐々に増やしていく。その際，各自の役割 (司会，発表，記録係，配り係) を遂行させる中で，お互いの貢献度についての認め合いの場を設ける。また，役割をローテーションすることで新たな視点が得られたり，各役割の苦労を理解させることで，リレーション形成を促す。 ・ペアやグループにおいて，感情や価値観の交流→思考の交流とレベルを上げながら，多様に活動させる中で，話し手が①内面を語るという経験，②それが相手に受け入れられるという経験をさせる。 ・問題傾向のある生徒には，授業で活躍させる，イベントで役割を与えて活躍させる等して，教師との信頼関係づくりや，生徒同士のリレーション形成を図る。 **リーダー育成Ⅱ** ・4月の育成Ⅰにかかわるメンバーを軸に徐々に自分たちで小さなイベントを企画・運営させる。係活動 (会社活動) やお楽しみ会の企画・運営も含む。その際，チャレンジしたことはほめ，失敗に対しては原因を一緒に考えるなど支援する。 **❸ 学級目標及びルールの内在化** ・行事など集団の活動サイズやレベルが上がる際は，学級のメンバー全員が活動に参加できるように，活動の意義を理解させ，学級目標やルールの内在化を進める。 具体的には，体育祭等の行事やその他学級で取り組む活動については，学級目標をベースに目的や目標，達成のためのルール設定をする。また，それぞれの役割が目標達成にどのように貢献しているか話したり相互評価をさせる。 **リレーションの形成Ⅲ** ・生徒同士の交流を活性化させるために，グループ活動の際に班員替えをする，日替わりで座席の位置を1つずらす，などの工夫をさせる。 ・形成Ⅱまで進めてきても，ペアやグループのメンバーが変わると活動が停滞する場合もあるので，再度，緊張緩和のアイスブレイクやゲーム，交流のためのエクササイズ等を積極的に行う。 ・生徒同士による「よいところ探し」等，認め合いの活動を使ってさらにリレーション形成を図る。 ・教師の方からは，集団としての行為をほめたり，個人に対しても他人のために努力していることや，自主的に行動していることをほめる等，ほめる対象や内容についてレベルを上げる。 ・これから起こりそうな人間関係のトラブル等を予防するために，対人関係の維持の仕方に関するSSTを入れたり，過去にあった悪い例を用いて「この学級ではそういうことは起こしたくないよね」など予防的な話をする。 ・学活や授業のすきま時間にグループ協働型ゲームを行い，リレーションを高めつつ，協働での達成意識向上を図る。また，学級の問題についての話し合いや合意形成を図る活動も行う。 ・自己表現をさせる機会を増やし，成功体験・心地よい体験をさせる。 (例) 授業の発表で活躍させる，音読する，1分間スピーチをする等 **リーダー育成Ⅲ** ・いろいろな生徒にリーダーを経験させる。例えば，小さなイベントをしかけて企画運営を任せたり，グループ活動の司会者や発表者を役割ローテーションによって多く経験させる。これにより，リーダーとしての力を高めるだけでなく，リーダーを経験してリーダーの大変さを学んだ生徒がよいフォロワーになる。 ・活動が増えてくるとリーダーとフォロワーの間でトラブルが起きるので，教師側でフォロワーに対してリーダーのフォローを入れておく。 ・サブリーダーへの仕事の再確認等を通してサブのメンバーをさらに強化する。

合唱コンクール

学級集団形成の手立てをまとめた表。❶→❷→❸の順に計画的に集団形成を行います

準備・練習

> ポイント
> 1 自主的・協働的に活動するための工夫をする
> 2 認め合いと問題発見・解決の場を設定する

1 自主的・協働的に活動するための工夫をする

　「合唱コンクールの取組を通してどんな学級になっていたいか」という目的や、「金賞」といった目標を決めたら、目的・目標達成のための行動指針やルールを設定して練習に取り組みます。2年生では、より自主的・協働的に活動できるように、ルールや練習計画を生徒同士の話し合いを通して作成させる、主体的な取組を期待して資料の共有及びコミュニケーションのツール（Google Classroom など）を活用させる、学級内の掲示スペースを確保し必要な道具を提供する、など、時間・もの・場所を提供します。時には、リーダー会議を設けて、行動を促す声かけも行います。

2 認め合いと問題発見・解決の場を設定する

　毎日の練習終了後にパートごとに集まって、お互いのよいところや課題について話し合う時間を設定します。特に、課題については、パートリーダーを中心にきちんと話し合わせ、事前の支援以外は基本的に生徒に任せるようにするとよいでしょう。

1　目的・目標達成のためのルールを付箋紙にできるだけたくさん書く。
2　グループで付箋紙を出し合い，分類・整理し，タイトルをつける。
3　2を基に，優先度の高い順に3つのルールを決めて，文章化し，ホワイトボードにまとめる。
4　全体で，各グループで決めたルールと，その理由を発表する。
5　出されたルールの中で，同じものは消して1つにする。また，出されたルールからさらによいルールができた生徒がいれば発表させる。
6　各自に小さい付箋紙3枚を配付し，5で出されたすべての中から，ルールとしてふさわしいと思ったもの3つに付箋紙を各1枚ずつ貼る。
7　貼られた付箋紙の分布の状況を見て，合唱練習のルールを決定する。

練習のルールの決め方例（ＫＪ法＋α。ICT端末を活用してもよい）

Google Classroom での資料の共有及びコミュニケーションの様子

1　話し合いのルールを確認する
2　隣に座ったペアでお互いのよかった点を言い合う（「ジャンケンに勝った人から先に言う」等アイスブレイク的な要素も入れるとよい）
3　2をパート全体に発表する
4　取り組み方の問題点を考え，発表する
5　4に対する解決策を出し合う
　　（ホワイトボードにまとめる）
6　5を基に，次回の目標を決める
　　（ホワイトボードにまとめる）

パートミーティングの活動例（左）とその様子（右）

教室トーク
「何のために歌うのだろう？」

1 話し始める前に

　合唱コンクールは，中学校の行事の中でも一番盛り上がるものの１つかもしれません。しかし，その盛り上がりの中で，ただ他学級への対抗意識ばかりが高まり，「金賞」「グランプリ」といった言葉ばかりが一人歩きしがちです。それでは，結果が出ても一瞬の感動や充実感が味わえるだけ，１週間後には合唱コンクール前の日常と変わらない，むしろ目に見える目標が消えた分だけ，気の抜けた学校生活になってしまいがちです。そうならないためには，自分たちの学級が「何のために」合唱の練習に取り組み，「何を目指してきたのか」を，本番直前に全員で確認することが大切です。行事そのものだけでなく，行事後の生活の充実も実現させるために行うトークです。

2 トークの概要

①目的・目標の確認（原点の確認）
②体験の想起と語り合い（体験の共有を想起し語り合うことで一体感を引き出す）
③教師の思いを再度伝える（原点の再確認を教師の言葉で）
④全員が思いを発表する（全員が発言し，みんなでそれを聞き合い，共有することで，一人ひとりに思いを実現する当事者としての意識をもたせる）

何のために歌うのだろう？

> いよいよ合唱コンクール本番です。今日までの２週間，君たちは何を目指して取り組んできましたか？

目的・目標の確認を行います。

> そうですね。「全員成長」，これが私たちのクラスの目指してきたことです。この目的に向けて，この２週間どんなドラマやハプニングがあり，どうやってそれを乗り越えてきたのか，またはまだ乗り越えきれていないのか。思い起こして近くの人と語り合ってみてください。

体験の想起と語り合いで，より大きな連帯感や一体感を引き出します。

> いろんなことがあったね。そして今日が本番です。この本番で，金賞やグランプリが獲れたらよいわけではありません。取組を通して一人ひとりが，そして学級が成長できたなら，それが一番喜ばしいことです。もし金賞やグランプリを獲ったとしても，みんながここまでの成長を今後の生活に生かしきれなかったとしたら，それは残念です。最後まで，この先に続く成長までを意識して，今日の合唱に取り組んでください。期待しています。

何のために取り組んできたのか，教師の言葉で目的の再確認を行います。

> さて，先生の思いは伝えました。皆さんはどう考えているのか，一人ひとりの思いを共有したいと思います。長くても短くてもよいので，全員で，全員の思いを共有しましょう。１人ずつ立って，どんな本番にしたいか，そのために何をするのか，みんなに伝えていきましょう。発表できそうな人から，１人ずつ立って話していってください。

「こんな合唱にしたい」という思いを全員に発表してもらいます。全員発言することで，当事者意識が高まり，合唱に向かう気持ちが１つになります。

合唱コンクール

振り返り・事後指導

> **ポイント**
> 1 目的に対しての価値づけをする
> 2 成長したことを日常生活につなげさせる

1 目的に対しての価値づけをする

　目的・目標の達成に向けて一生懸命に取り組んできても，金賞やグランプリという目標には届かない場合があります。しかし，教師が生徒と一緒に落ち込んでいては，生徒は合唱コンクールの取組に価値を見いだせないまま終わってしまいます。そこで，本番当日も含めた取組の過程を振り返って，「目的に対して学級や個人がどれだけ成長したのか」を，具体的なエピソードも交えて語り，価値づけることで，合唱を通して得たものを学級と個人の成長につなげることができます。1年生の場合は，「銀賞」「銅賞」に対する見方を転換させ，目的に沿った意味づけをする語りも有効です。

2 成長したことを日常生活につなげさせる

　行事の目的は「行事を通して日常生活の質を向上させること」です。合唱の取組を振り返って今後の日常生活につなげさせましょう。振り返りのポイントは，「目的達成のためにがんばってきたこと」を基に「個人・学級が成長したこと」をできるだけたくさん書かせて全体で共有し，その成長を「これからの学校生活にどのように生かしていきたいか」を考えることです。

合唱の目的を３つ（「全員成長」「団結・協力」「全力」）決めました。何でしたか？

「全員成長」ができたという人？（生徒が挙手をした後）みんなの授業に向かう姿勢や，給食・清掃などの取り組み方が，本番当日に近づくにつれてよくなっていく姿に先生はとても感心させられました。合唱練習が始まって１週間経ったころ，先生は一度だけみなさんを叱ったことがありましたが，このときも，素直に修正するとともに，級友に対して自分たちから声かけをする様子が多く見られました。これは，合唱を通して全員が成長したことに他なりません。

「団結・協力」ができたという人？（生徒が挙手をした後）練習では，パートミーティングで練習の課題について話し合い，翌日の練習では改善に向けてみんなで協力し，努力することを毎回毎回積み重ねました。○○さんのピアノがうまくいかなくて悩んでいるときも，練習で大きな声を出してカバーし，話し合いでは，「本番当日はＣＤじゃなく○○さんのピアノで歌いたい」とメッセージを送ったり，よいときもピンチのときも，みんなで団結して乗り越えてきましたね。

「全力」ができたという人？（生徒が挙手をした後）本番１週間前のリハーサルでは，これまでやってきたことがなかなか出せず，その日の帰りの会では，お互いが真剣に意見をぶつけ合って全力で話し合いをしていました。そして迎えた本番，緊張しながらも歌い終えた直後に会場からもらった大きな拍手。これは皆さんの本気の歌声が聴いている人たちの心に響いたこと，そしてこれまで全力で取り組んできたことの証です。

目標を達成することはできなかったけれど，皆さんはそれ以上に大切なものを手に入れました。
この合唱コンクールで学んだことをこれからの学校生活にどのように生かしていきたいですか？
これまでの取組を個人で振り返って，今回の学びや成長を，次の活動につなげていきましょう。

事後指導での語りの例

合唱コンクールを振り返ろう

合唱コンクールの取組が始まる前にみんなで決めた学級スローガンを再確認しよう。

学級スローガン「　　　　　　　　　　　　　　　」

(1) 学級スローガン達成のためにあなた自身が合唱コンクールの取組（本番当日や前日まで）でがんばってきたことについて，自分自身のがんばりに点数をつけ，その理由まで書いてみよう。

自分自身のがんばりは，100 点中 [　] 点です。理由は，

(2) 合唱コンクールの取組（本番当日や前日まで）で自分自身や学級が成長したと思うことを書いてみよう。

【自分自身が成長したと思うこと】

【学級が成長したと思うこと】

(3) (2)についてみんなで話し合ったことをもとに，合唱コンクールの取組を通して自分自身や学級が成長したことを，これからの学校生活にどのように生かしていきたいか書いてみよう。

振り返り用ワークシートの例。活動後は学級通信等を使って全体に共有します

教室トーク
「悩みを一緒に解決しよう！」

1 話し始める前に

　個人面談は，普段他の生徒がいて聞くことができないことなどを直接聞き取る大切な時間です。2年生ともなると，中学校生活にも慣れてくる反面，いろいろな面で悩みやトラブルを抱える生徒が増えてきます。

　特に，からかわれる，無視される，仲間はずれにされるなど，いじめに結びつくようなことが話題に上がった場合は，個人面談で割り当てられた短時間で解決することはできません。その場で急いで答えを出すのではなく，きちんと腰を据えて話を聞く機会を速やかに設けましょう。

　また，担任だけで動くのではなく，すぐに学年主任や生徒指導主任，管理職に伝えて複数人で対応するよう心がけます。いじめを決して許さないという姿勢と，あなたの命は絶対に守るという姿勢を見せ，一刻も早くその生徒を苦しみから救ってあげられるように動く必要があります。決して1人で動いたり，抱え込んだりせず，みんなで解決に向けて動くようにしましょう。

2 トークの概要

①個人面談について（面談の時期や方法などの確認をする）
②学習面と生活面について（自分事として考えさせ，関心をもたせる）
③事前アンケートについて（特に不安なことや心配事があれば書くように促す）

トーク

悩みを一緒に解決しよう！

> まもなく「個人面談」を行います。2年生になって，学習のことや学校生活のことで悩みが増えた人もいると思いますので，それらについて気軽に話し合うことを目的として行います。

個人面談の事前告知をするとともに，その内容について知らせます。

> 面談では，主に学習面と生活面のことをお話しします。学習のことで今悩んでいることやうまくいっていないこと，友人関係や部活動，自分の進路などで相談したいことについて一緒に考えていきたいと思います。

時間があれば，学習，友人関係，部活動などそれぞれについて，「充実していますか？　悩みや相談したいことはありませんか？」と投げかけ，「こんなことを先生と話してみようかな」と面談内容を生徒自身にイメージさせます。

> これから事前アンケートを配りますので，こちらの用紙に先ほど考えたことを書いてみましょう。事前に先生の方でも知っていた方が面談にもむだがなく，スムーズに進むと思います。解決に向けて一緒に考えていきたいと思いますので，よろしくお願いします。

どんなことを用紙に書くのか伝えるとともに，今回の面談をとても大切にしているという姿勢を見せることができます。「悩みは1人で抱えず一緒に解決しよう」「先生は味方なんだ」と思ってもらえると，この後の学級運営もスムーズに展開していきます。

> では，○日から面談を行います。面談の予定を組み終わったら掲示しておきますので，都合の悪い日があったらすぐに教えてくださいね。皆さんと話すのを楽しみにしています。どうぞよろしくお願いします。

個人面談

133

個人面談

> **ポイント**
> 1　高校入試に関する知識をアップデートしておく
> 2　わからないことはきちんと認める

1　高校入試に関する知識をアップデートしておく

　2年生では，日々の悩みを聞くことも重要ですが，進路に関わる話題も避けて通れません。進路担当の先生から今年度の高校入試について変更点がないかを聞くなどして，常に高校入試についての知識を最新のものにアップデートしておかないと「先生に聞いても進路については何もわからない」「あの先生は進路について何も知らない」など，生徒のみならず保護者からも不信感をもたれてしまう可能性があります。一度そういう印象をもたれてしまうと，それを払拭するのには相当な労力と時間がかかるので，そうならないように，常に高校入試についてもアンテナを高く伸ばしておきましょう。

2　わからないことはきちんと認める

　生徒の口から興味のある高校名が出たときに「○○高校は…」と簡単に説明できるくらい知識があればベストですが，あまり詳しくないのであれば，知ったかぶりをせず，「調べておくから，わかったら伝えるね」とわからないことを認めてきちんと調べる姿勢を見せることも，生徒の信頼を得るためのポイントです。

個人面談アンケート　　　年　組　番 氏名 _____

　4月からの学校生活も折り返し地点を過ぎました。体育祭や学校祭などの大きな行事も終え、3年生は進路に向けて、2年生は生徒会や部活動で中心的な存在として、1年生は先輩になる準備期間として、残りの半年を有意義に過ごしてほしいものです。学校生活をさらに充実させていく上で、大切なものは何と言っても人間関係です。このアンケート結果を参考に、みんなで話し合う機会を持つことで、これからの学校生活がより有意義なものになればと考えています。率直に記入してください。

以下の項目について<u>A～D</u>でお答え下さい。
※　A：あてはまる　B：ややあてはまる　C：ほぼあてはまらない　D：あてはまらない

Ⅰ、自分について
① 思ったことを素直に人に話すことができない。　　□
② 短気ですぐにカッとなりやすい性格で困っている。　□
③ 不満をもっていても、正直にはなすことができず困っている。□
④ 悪い誘いを断りきれない。　　　　　　　　　　　□
⑤ 家族や友達、先生など、人を信じることができない。□
⑥ 真剣に熱中すること（もの）がない。　　　　　　□
⑦ 家族や友達に、いつもわがままな態度をとってしまう。□
⑧ 何をするにもやる気がない。　　　　　　　　　　□
⑨ 友達などについ暴力をふるってしまう。　　　　　□
⑩ 友達の様子や周りのことはぜんぜん気にしない。　□
⑪ 学校に行く時に不安になる。　　　　　　　　　　□

Ⅱ、家庭について
① 親と意見が合わず、困ることがある。　　　　　　□
② 家にいても楽しくない。　　　　　　　　　　　　□
③ 休日に家にいても楽しくない。　　　　　　　　　□
④ 親が厳しすぎる。　　　　　　　　　　　　　　　□
⑤ 親の仲が悪く、争い事が多い。　　　　　　　　　□
⑥ 家出をしたいと思うことがある。　　　　　　　　□
⑦ 親が自分に期待しすぎる。　　　　　　　　　　　□
⑧ 親子で話をするときがない。　　　　　　　　　　□
⑨ 親を尊敬できない。　　　　　　　　　　　　　　□
⑩ カッとなると親にでも暴力をふるう。　　　　　　□

Ⅲ、友達について
① 何でも相談できるような、心の通じた友達がいない。□
② 友達が、自分の性格を誤解していると思うことがある。□
③ 自分は友達に裏切られる。※最近の事例があれば記入して下さい。□
　→
④ きまった友達からいじめられる。　　　　　　　　□
⑤ 友達と一緒にいてトラブルに発展することが多い。□
⑥ 異性とうまく関わることができない。　　　　　　□
⑦ 自分がいないときの友達同士の会話の内容が気になる。□

Ⅳ、学校生活について
① 最近いやがらせを受けて困っていたことがある。　□
② 最近いやがらせを受けて困っている人を見たことがある。□
③ 自分は今、いやがらせを受けて困っている。　　　□
④ 自分は人に嫌がらせをするのが好きだ。※ちょっかいを含む。□
⑤ 自分はいやがらせを受けないが、
　受けている人を助けることも、やめさせることもできない。□
⑥ 自分さえいやがらせを受けていなければ、あとはどうでもいい。□

Ⅴ、進路について
① 自分の将来の進路が心配である。　　　　　　　　□
② 自分がどこの高校に入れるかわからない。　　　　□
③ 自分が希望する進路（進学）と
　親の進める進路（進学）とが食い違っている。　　□
④ 就職するとき、自分にどんな仕事が向いているのかわからない。□
⑤ 今現在興味のある職業を書いて下さい。
　→

Ⅵ、その他
① 上記以外で、悩んでいることがありましたら記述してください。

```
┌──────────────────────────┐
│                          │
│                          │
└──────────────────────────┘
```

アンケートへのご協力ありがとうございました。面談もよろしくお願いします。

様々な観点から自己を見つめ直せるようアンケートをつくります

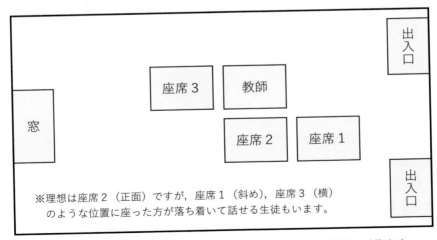

※理想は座席2（正面）ですが、座席1（斜め）、座席3（横）のような位置に座った方が落ち着いて話せる生徒もいます。

外や廊下の様子が見えない位置に座らせ落ち着いて話せる環境をつくります

教室トーク
「『思考・判断・表現』ってなんだ？」

1 話し始める前に

　1学期に「知識・技能」の観点について話をしたので，2学期は「思考・判断・表現」の観点について生徒に考えさせる時間をもちます。この観点は，各教科等の知識及び技能を活用して課題を解決するために必要な思考力，判断力，表現力等を身につけているかどうかを評価する観点となります。授業の中では，パフォーマンス課題などの探究的な課題に対して，これまで身につけてきた知識や技能を活用して，思考力や判断力，表現力を磨いてきました。予測困難な未来社会を生き抜くために，なくてはならない大切な資質・能力と言えます。

　通知表を見ながら，こうした力の大切さを伝えるとともに，社会にある様々な問題を解決していく力が必要になることを踏まえ，SDGsに関心をもたせるような話をするのもよいでしょう。

2 トークの概要

①「思考・判断・表現」の観点の確認（興味をもたせる）
②どんな評価項目なのかの確認（内容を考えさせる）
③「思考・判断・表現」の観点の内容把握
　（何をどう評価されているかを伝える）
④3学期以降の学びに向けて
　（この力をどのように育て活用するかを考えさせる）

「思考・判断・表現」ってなんだ？

> 今配付した通知表の中に各教科の観点別評価がありますね。その中に「思考・判断・表現」という項目があるのがわかりますか？

観点別評価の「思考・判断・表現」に着目させます。

> この項目は，何を評価する項目かわかりますか？ 隣の人と確認してみましょう。（ペア対話後）皆さんからの意見では，「考え方の評価」「正しい判断ができたかの評価」「自分の考えをうまく表現できたかの評価」という意見が多くありました。

項目の趣旨は，教師から説明する前に生徒に一度考えさせるようにします。そうすることで，普段意識していない評価の項目に興味や関心をもたせることができるからです。

> この観点では，各教科の中で課題や問題に向き合って解決していく力や，友だちと協力しながら問題解決の糸口を見つけていく力などが評価されます。また，自らの思いを表現していく能力も評価されます。具体的な評価方法はペーパーテストだけでなく，グループでのディスカッションや発表，レポートなど，各教科の特性に合わせて評価方法が工夫されています。

2年生にもわかるように，できるだけ噛み砕いて話をします。生徒が考えた内容に肉づけするような形で表現していくと，よりわかりやすくなります。「問題を解決していく力」であることを強調します。

> さて，3学期以降，この「思考・判断・表現」の力をどのように伸ばしていきたいですか？ 通知表を見ながら考えてみましょう。

自身の通知表を確認させながら，3学期以降の学習に対する目標を考えさせます。各教科の資料も参考にさせると効果的です。

通知表

所見文例

●学級のリーダーを支えた生徒

> 学級委員が困っているときに，前向きな意見を意図的に提案したり，仕事をさりげなく手伝ったりするなど，リーダーを支えるフォロワーとしての働きぶりが見事でした。学級を支える貴重な存在です。

どうしてもリーダーの活動に目が行きがちですが，それを支えている生徒にも目を向けていくことが大切です。

●部活動への参加回数が減ってきている生徒

> 部活動の練習に慣れ，かなりの技術を身につけてきましたが，はっきりした目標をもつと，練習に取り組む姿勢が変わってきます。小さな目標を１つずつクリアすることで，大きな夢に向かっていきましょう。

部活動への意欲をなくす生徒は多々います。達成可能な目標をもたせることで，活動を継続させていくことが大切です。

●生徒会行事に大きな貢献をした生徒

> 体育祭や合唱コンクールなどの生徒会行事の企画・運営に参加し，建設的な発言と献身的な努力で，学校生活の向上に大きく貢献しました。

２学期は行事が多く，生徒のよさを随所に見つけることができます。

●道徳の授業で自己を見つめることができた生徒

> 感謝に関わる学習では，教材中の作文や調査データを通して，自己を見つめるとともに，多くの人に支えられている自分の存在を肯定的に受け入れるような記述をするまでに成長しました。

道徳性の成長の評価は，生徒の記述などから見取ることが大切です。

●学年，学校の中での活動が顕著な生徒

> 中学校総合体育大会壮行会の企画・運営に携わり，学年間の連絡・調整を繰り返し，学校全体の雰囲気を盛り上げることができました。

学級の枠を超え，より大きな舞台で活躍する生徒も出てくる時期です。

●立志式で活躍した生徒

> 厳粛な雰囲気で立志式を行い，級友とこれまでの成長を祝い合うとともに，自己を一層伸長させるための決意を語り合うことができました。

立志式では，一人ひとりの成長に目を向けることが大切です。

●行事に前向きに取り組めなかった生徒

> 学校行事に対して冷静な気持ちで向き合い，自分の在り方を考える時間がもてました。今後は，他者との関わりについて見つめてみましょう。

できなかったことを責めるのではなく，改善の方途を示すことが大切です。

●応援団として体育祭を盛り上げた生徒

> 　体育祭の応援団の一員として，練習の段階から学級の士気を高めるよう大きな声を出したり，パフォーマンスを披露したりしました。はずかしがり屋の自分を変えたいという強い決意を感じることができました。

当日の演技に至るまでの取組や思いを評価することが大切です。

●ボランティア活動に積極的に取り組んでいる生徒

> 　町民運動会などの地域の行事に進んで参加し，景品配りや招集係の仕事を行うだけでなく，年配の方にも優しい声かけをしていました。

学校以外の公共の場で活躍する生徒を把握しておくことも大切です。

●合唱コンクールで自分の役割を果たした生徒

> 　合唱のパートリーダーとして仲間の意見をまとめることに尽力し，本番では見事に優秀賞に輝き，達成感を味わうことができました。

目に見えないところでの生徒の活躍を認めていくことが大切です。

●家庭学習に問題を抱えている生徒

> 　真面目な学習態度です。学んだことをより確かなものにするために，家庭学習を充実させると，さらなる飛躍が期待できます。

学校と家庭での学習には関連性があることを記述することが大切です。

●探究的な学習に主体的に取り組んだ生徒

　　教材の中の問題となる場面を適切に捉えるとともに，問題解決的な学習に積極的に取り組み，問いの設定から解決までのプロセスを主体的に進めることができるようになりました。

生徒の主体性を具体的に表現することが大切です。

●グループ学習での話し合い活動に意欲的に取り組んだ生徒

　　理科の実験や社会科の調べ学習において，自らファシリテーターを務めるなどグループでの話し合いに意欲的に取り組むことができました。

グループ内での役割にまで言及し，具体的に評価することが大切です。

●表現力に課題をもつ生徒

　　自分の思いを表現するときに他者の評価を気にしてしまうことがありますが，ありのままの○○さんの表現は，実にすばらしいものです。

表現力は自分の考えや気持ちの表現であることを伝えることが大切です。

●野外活動やキャンプにおいて活動が目立った生徒

　　キャンプの飯盒炊さんやファイヤーの活動で，自分の道具だけでなく，友人のものまで黙々と片づけをするなど，利他の心が育っています。

行事での清掃や片づけは，人間性や人柄がよくあらわれる活動です。

通知表

教室トーク
「みんなで成長を喜び合おう！」

1 話し始める前に

　２年生の２学期は，様々な問題が起きて，学級をまとめるのが大変，ということがよくあります。そのような日常の中でも，学級がよい方に向かったことや少しの成長が見られたことを見逃さずに記録し，学級全体で記憶しておくことが大切です。

　まずは，学級としてどのような歩みをしたのかを，しっかり振り返る時間にすることです。よかったことだけでなく，学級としてうまくいかなかったことも含めて明るく前向きな雰囲気で振り返るとよいでしょう。３学期は，学年のまとめの時期です。「まとまりのある学級になろう」「３学期は落ち着いて生活しよう」「３年生に向けてしっかりした自分になりたい」といったように，生徒の意欲が高まるような時間を目指しましょう。

2 トークの概要

①時間感覚の確認（２学期全体を振り返るための心の準備をする）
②それぞれの行事で立てた学級の目標とその達成度
　（よかったこととうまくいかなかったことの両方に注目する）
③学級で培った力の確認と生かし方（３学期への意欲づけをする）
④３年生への意欲づけ（最高学年になることを意識させる）

みんなで成長を喜び合おう！

> 「夏休みが終わったと思ったら，もう冬休み？」そんな感覚をもっている人も多いのではないでしょうか。

　2学期が最も長いのですが，時間が過ぎる感覚を学級全体で確認し，共有します。

> 　2学期はいろいろな行事もあり，毎日とても慌ただしく過ぎていきましたね。体育祭では「本当の楽しさ」を見つけましたね。仲のよい友だちとだけワイワイ楽しくするのではなく，全員で気持ちを1つにして自分のためとみんなのために全力を尽くすという楽しさを実感することができました。続く合唱コンクールでは，40人の声をホール全員の心に残すために合唱リーダーを中心に毎日努力しました。どこのクラスよりも自分たちの力でよくがんばってきたと思います。

　学校行事の多い2学期です。行事で学級を，あるいは一人ひとりをどのように育てるか，学級経営の醍醐味を味わえます。生徒自身も，多くの体験で成長を実感しているはずです。

終業式

> 　みんなで積み上げてきたもの，積み上げてきたことを心の中に残しておきましょう。それをこれからの2年〇組に生かしていきましょう。

　学級で努力して得たものを具体的にあげてみます。大きなことだけでなく，日常のちょっとしたことでも成長したことは喜び合いましょう。

> 　3学期のはじめには「3年生に向けて20〇〇年の目標」を書いてもらいます。冬休み中に考えておきましょう。では，よいお年を！！

　いよいよ最高学年になるのだという自覚と，新しい年，新しい学年に対する期待感をもたせて，2学期とその年の締め括りにします。

教室トーク
「目標をもって生活していこう！」

1 話し始める前に

　新年を迎え，多くの生徒が新しい目標や希望，決意をもって３学期の始業式を迎えています。３学期は「今年度の締め括り」でもあり，「次年度へのつながり」となる時期でもあります。「３年生の０学期」とも呼ばれます。その３学期の始まりに大切なことは，生徒一人ひとりが何に取り組めばよいかを具体的に描けるようにすることではないでしょうか。

　２年生は，１年生や３年生と比べて，目標や意欲をもちにくい時期でもあります。しかし，３か月後には最上級生として全校をリードすることになります。そのためにも，今の自分たちの姿を見つめ，個人や集団（班，学級）の実態に適した目標設定をすることが大切です。学級目標も１つの視点にしながら，個人や集団が取り組むべき目標を，具体的に設定しましょう。

　また，２年生の３学期は自分たちが中心となって企画・運営を行う「卒業生を送る会」があります。そして，３年生の卒業後は，１，２年生のみでの学校生活が始まります。３学期の見通しと同時に，最上級生としての自覚と責任がもてるようにしましょう。

2 トークの概要

①目標の交流
②自分たちの実態に合った目標設定
③最上級生としての自覚と責任

目標をもって生活していこう！

今日から，3学期が始まります。今日の日を迎えるにあたって，自分の目標を決めてきたという人はいますか？

数人の生徒に発表してもらい，仲間が立てた目標に共感したり，参考にしたりすることで，それぞれが視野を広げることができます。

目標をもつのはとても大切なことです。「目標をもって過ごす生活」と「目標をもたずに過ごす生活」では，同じ時間を過ごすにしても成長に大きな差が生じます。自分自身や学級の今の姿をよく見つめて，個人と集団の目標を設定しましょう。4月にみんなで掲げた学級目標の達成に向けて必要なことは何かもよく考えてみましょう。

自分たちの課題を克服するために必要となる目標を設定するためには，自分たちの今の姿を正確に捉えることが大切です。学級通信や学級の足跡等もあわせて確認すると効果的です。また，ワークシートを用意して書き込む時間を確保するのもよいでしょう。集団にも目を向けることで，班や学級への意識を高めることができます。

3学期は，2年生が中心となって行う「卒業生を送る会」があります。3年生が様々な思いを胸に卒業できるように，責任をもって進めていきましょう。そして，3月からは学校のリーダーとしての生活が始まります。ここにいる学級の仲間とともに支え合い，高め合いながら生活していきましょう。そして，成長した自分や集団に自信や誇りをもって，3年生としての生活が始められるようにしましょう。

3学期は，3年生から学校のリーダーとしての責任を引き継ぐ大切な学期となります。3学期の見通しを確認する中で，最上級生としての自覚と責任を一人ひとりがもてるようにすることが大切です。

始業式

教室トーク
「4月のスタートダッシュのために」

1 話し始める前に

　「2年生の3学期は，3年生の0学期」という言葉をよく耳にします。これは，この時期はこれまでの学習を総括するとともに，最上級生としての取組が一気に始まる4月以降に向けて，意識をつなぐ重要な時期であるという意味です。そして，2年生の学年末テストに向けた取組を充実させることが，安心して3年生の学習をスタートさせることにつながるのです。

　2年生の学年末テストの範囲は，基本的に2年生の1年間で学んだ内容となり，多くのことを含みます。それは逆にいうと，理解が不十分な弱点をじっくり補強する絶好のチャンスでもあります。したがって，できるだけ早い段階から計画を立てさせ，自分は何を重点として取り組んでいきたいかを明確にさせましょう。それは苦手な教科かもしれませんし，心配な分野かもしれません。いずれにしても，これまでの学習成果を自分で振り返り，自分に合った目標や計画を考えさせることを大切にしましょう。

2 トークの概要

> ①2年生の学年末テストの意味（これまでの総括と，3年生につなぐことを意識させる）
> ②自分に合った目標や計画（苦手教科や補強したい弱点を踏まえて，自分だけの計画を立てることの大切さを伝える）

4月のスタートダッシュのために

> 今，3年生の皆さんは，どんな気持ちで毎日登校しているのでしょうか。中学校生活も残りわずかで寂しい気持ちをもっている生徒もいます。また，高校入試をすでに受けた生徒もいれば，3月の試験に向けて猛勉強している生徒もいて，これからの人はたくさんの不安を抱えているでしょう。自分の1年後の様子をイメージしてみて，今の気持ちを教えてください。

　この時期の3年生の子の気持ちを推察させながら，自分自身の1年後の姿をイメージさせます。恐らく，不安だと思いつつも，まだ先のことだと思っているというのが実態だと思います。

> 多くの皆さんは不安だと言いました。その不安を乗り越えるためには，いつから何を始めればよいのでしょうか。実は，2年生の学年末テストへの取組がカギになるのです。入試では，1，2年生の内容が大切なのですが，3年生になってから復習しようと思っても，なかなか時間が取れません。入試に向けた勉強は，3年生の4月からではなく，この学年末テストが実質上のスタートなのです。

　だれもが受験は不安ですが，実は進路実現に向けた取組は，3年生になってからではなく，この学年末テストへの取組が実質上のスタートになるのです。このことをしっかりと印象づけましょう。

> そのために，どんな目標を立てますか？　克服したい教科や内容のイメージはありますか？　家庭でどんな取組を進めたいですか？　この時期の取組が3年生のスタートダッシュの決め手になるので，しっかりと考えましょう。

　これまでの自分の学習を振り返り，総決算のつもりで，学習時間増はもちろん，家庭での日課，学習内容・方法・使用するものも含めて具体化しましょう。それらが3年生での学習の基盤となります。

学年末テスト

テスト対策

> ポイント
> 1 予想問題づくりと教え合いでムードを高める
> 2 4月以降の進路実現に向けた流れを共有する

1 予想問題づくりと教え合いでムードを高める

　2年生の3学期に入ると，定期テストの経験回数も増えてきて，対策の仕方も具体的になってきます。そこで，この時期に大事にしたいことは，「3年生につなぐ」という視点です。例えば，テストに向けて予想問題を自分たちでつくってみることで身につけるべき内容が鮮明になり，主体的な学びにつながります。また，それを基に，班で教え合う朝学習を設定すると，3年生に向けてみんなでテストに向かうムードが高まっていくでしょう。

2 4月以降の進路実現に向けた流れを共有する

　3学期は，「卒業生を送る会」も設定されており，最高学年に進級して進路を選択していくことについて目を向けさせていくべき時期です。したがって，学年末テストに取り組む段階で，4月以降の進路実現に向けた主な流れを共有することをおすすめします。そのうえで，学年末テストに向けた取組が，実質的には3年生に向けた助走になることを意識させましょう。「2年生の3学期は，3年生の0学期」と言われる意味を，テストへの取組を通して考えさせてみてはいかがでしょうか。

時間	動き
8：07～8：10	・学級の仲間に着席を働きかける ・カバンをロッカーに片づけ，筆記用具を準備する ・学習委員は，予想問題を配付する
8：10	・朝学習開始の合図「これから朝学習を始めます」 ・学習準備の確認をする
8：10～8：15	・予想問題に取り組む 　（早く終わった生徒はその教科の学習）
8：15～8：20	・答え合わせを行う（解答はプリントの裏に印刷） ・班内で教え合い活動をする
8：20	・朝学習終了の合図「これで朝学習を終わります」 ・引き続き，朝の会を進める

学年末テスト対策の朝学習の流れ

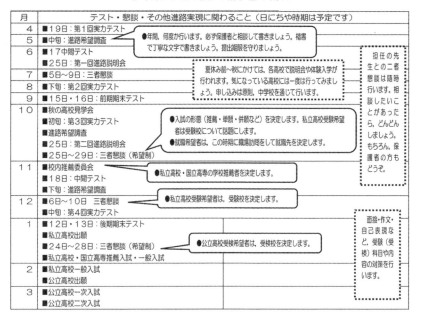

月	テスト・懇談・その他進路実現に関わること（日にちや時期は予定です）
4	■19日：第1回実力テスト
5	■中旬：進路希望調査
6	■17中間テスト ■25日：第一回進路説明会
7	■5日～9日：三者懇談
8	■下旬：第2回実力テスト
9	■15日・16日：前期末テスト
10	■秋の高校見学会 ■初旬：第3回実力テスト ■進路希望調査 ■25日：第二回進路説明会 ■25日～29日：三者懇談（希望制）
11	■校内推薦委員会 ■18日：中間テスト ■下旬：進路希望調査
12	■6日～10日　三者懇談 ■中旬：第4回実力テスト
1	■12日・13日：後期末テスト ■私立高校出願 ■24日～28日：三者懇談（希望制） ■私立高校・国立高専推薦入試・一般入試
2	■私立高校一般入試 ■公立高校出願
3	■公立高校一次入試 ■公立高校二次入試

●年間、何度か行います。必ず保護者と相談して書きましょう。楷書で丁寧な文字で書きましょう。提出期限を守りましょう。

夏休み前～秋にかけては、各高校で説明会や体験入学が行われます。気になっている高校には一度は行ってみましょう。申し込みは原則、中学校を通じて行います。

●入試の形態（推薦・単願・併願など）を決定します。私立高校受験希望者は受験校について話題にします。
●就職希望者は、この時期に職場訪問をして就職先を決定します。

●私立高校・国立高専の学校推薦者を決定します。

●私立高校受験希望者は、受験校を決定します。

●公立高校受検希望者は、受検校を決定します。

担任の先生との二者懇談は随時行います。相談したいことがあったら、どんどんしましょう。もちろん、保護者の方もどうぞ。

面接・作文・自己表現など、受験（受検）科目や内容の対策を行います。

3年生4月以降の進路実現に向けた主な流れを共有します

教室トーク
「進路決定の準備はもう始まっている」

1 話し始める前に

　この時期になると，３年生はそれぞれの進路に向けて出願や試験が始まり，学校での姿も今まで見たり，感じたりしてきたものとは違った様子になってきます。この機会を逃さずに指導することで，２年生の進路に対する意識を高めることができます。

　１年生から進路学習は始まり，進路についての大まかな理解や取り組むべき内容については学習してきていると思います。しかし，２年生の中には，実際に出願や試験が始まる時期から進路が動き出すと考えている生徒もいるかもしれません。そこで，進路決定に向けての準備は，すでに始まっていることを再度確認することが必要です。

　また，自分に適した進路決定を行うために，自分の「夢」「目標」「長所や短所」など，自分自身について知ることが大切です。さらには，興味や関心のある進学先や職業について知ることも大切です。自ら進んで情報収集を行い，学校の校風や特徴，職業に必要な資質能力等についての情報を得られるように，進路への意識を高めることが大切です。

2 トークの概要

①３年生の進路に向かう様子
②進路決定までの見通し
③今から取り組むべきこと

進路決定の準備はもう始まっている

> 3年生が今週の土日に何を行うか知っている人はいますか？

　実際の3年生の動きを確認する中で，自分たちも1年後は同じ状況になるという実感をもてるようにしましょう。出願や試験だけでなく，自主的な学習会や面接練習などの様子も伝えると効果的です。

> 　3年生は，いよいよ自分の進路決定に向けて，試験を受ける時期になっています。ただし，3学期になってから動き始めているわけではありません。3年生がどのような計画で進路に向けて取り組んできたのかを確認してみましょう。

　3年生が実際に使用している年間スケジュールや進路に関する資料，掲示物等を2年生に紹介しながら年間の見通しを確認すると，実感がもてるはずです。また，兄弟や先輩たちのことで知っていることを発表してもらうと，生徒目線での気づきも知ることができ，より効果的です。

> 　では，自分たちが今からできることは何でしょうか。まずは，「自分自身を知ること」だと思います。「夢」や「目標」だけでなく，「長所と短所」について考え，自分自身を成長させるために何が必要かを考えることが大切です。また，興味をもっている学校や職業について調べ，必要な学力や能力について知ることも大切です。自分の進路です。自ら進んで情報を集めるようにしましょう。情報をもっていることは，進路決定に向けて大変有利になります。少しでも多くの情報を集めましょう。

　自分自身を見つめるには，小学校から持ち上がっている「キャリア・パスポート」の活用も効果的です。学校や職業についての情報収集には，高等学校から配付されるパンフレットや，職業案内の資料などを示しながら紹介するとよいでしょう。教師自身の経験を語ることも効果的です。

進路学習

進路学習

> ポイント
> 1　3年生の姿から進路のイメージをもたせる
> 2　進学，就職先の方の話を直接聞く機会をもつ

1　3年生の姿から進路のイメージをもたせる

　3学期に入ると，進路に関する3年生の動きが今までとは違ってきます。学年が違うと，活動内容についてはなかなかわからないものですが，2年生は1年後には同じような状況になるため，3年生がどのような動きをしているのかを具体的に知ることが大切です。3年生に実際に配付されている資料を示しながら，3年生の動きについて説明したり，教師として3年生を指導した経験や教師自身が進路と向き合ってきた経験を語ったりすることで，2年生が具体的なイメージをもてるようにしましょう。

2　進学，就職先の方の話を直接聞く機会をもつ

　それぞれの中学校で，進路学習として「職業調べ（身近な人の職業，興味のある職業）」「職業人の話を聞く会」「高等学校の説明会・先輩の話を聞く会」など，様々な活動が行われるはずです。特に，高等学校の先生や先輩，職業人の話を直接聞く機会は，生徒に大きな影響を与えます。オンライン会議機能を活用することで，今まで以上に様々な方々と生徒をつなぐことが可能になっています。

高等学校の特徴や生活の様子について，高等学校の教師や先輩から説明を聞く様子

働く方々から，仕事内容や必要な資格等について説明を聞く様子

教室トーク
「言葉だけでなく姿でも表現しよう！」

1 話し始める前に

　２年生が中心になって企画・運営を行う最初の全校による生徒会活動が卒業生を送る会です。３年生に在校生の感謝の気持ちを伝えるとともに，３年生から中学校の伝統や文化を引き継ぐ重要な会でもあるということを確認し，まずは担当としての責任をもてるようにしましょう。そして，この行事の成功が個人や学年の成長につながり，４月から学校のリーダーとして生活する自分たちの自信になることを強く自覚できるようにしましょう。

　また，各自が役割を果たすとともに，卒業生を送る会を中心となって進める生徒会役員や学級役員を支え，協力することの大切さも確認し，２年生全体で会を企画・運営し，成功させたいという願いがもてるようにしましょう。

　３年生とともに全校で活動を行うのは最後になります。中学校を卒業する３年生が見せる表情や姿，言葉にも注目できるようにしましょう。３年生とともに活動する最後の機会から，１つでも多くのことを学び取ってほしいところです。そのためには，当日だけでなく，事前取組や３年生の思いや考えを聞く機会など，３年生と関わる機会を工夫できるとよいでしょう。

2 トークの概要

①卒業生を送る会の目的
②２年生として果たすべき役割
③３年生の表情や言葉からの学び

トーク

言葉だけでなく姿でも表現しよう！

いよいよ，2年生が中心となって企画・運営を行う卒業生を送る会に向けての取組が動き始めます。卒業生を送る会を行う目的は何でしょうか？

複数の生徒に発表してもらうことで，会を行う目的について生徒の考えを広げます。

そうですね。3年生に感謝の気持ちが伝わるように，言葉だけでなく姿でも表現していきましょう。また，3年生がつくり上げてきた伝統や文化も引き継げるようにしたいですね。そして，3年生が安心して中学校を卒業できるようにしましょう。そのために，2年生としてどのように企画・運営を行っていくとよいでしょうか。

卒業生を送る会の目的を確認するとともに，2年生としてどのような思いや姿で今回の行事を企画・運営していくのかについて話し合う機会を位置づけます。また，中心となって会を企画・運営する生徒だけでなく，その生徒たちを支える生徒の存在の大切さについても確認し，学年全体で取り組んでいくという自覚を，2年生の一人ひとりがもてるようにしましょう。

そして，3月に卒業を控える3年生が見せる表情や姿，言葉にもよく注目しましょう。企画・運営で忙しいと思いますが，3年生から学ぶことができる最後の機会です。最上級生としての思いや責任，考え方など，1つでも多くのことを3年生から学んでほしいと考えています。

3月からは，2年生が最上級生となり，中学校をまとめていくのだということを，様々な機会に確認しましょう。また，会の中だけでの関わりではなく，事前取組を一緒に行ったり，3年生に今の思いを語ってもらう機会を設けたりすることで，3年生からより多くのことを学ぶことができるはずです。

卒業生を送る会

卒業生を送る会

ポイント

1 教師は見守りに徹し，生徒同士の話し合いを大切にする
2 3年生と交流する機会を意図的に設ける

1 教師は見守りに徹し，生徒同士の話し合いを大切にする

　卒業生を送る会は，2年生が中心となって企画・運営を行う最初の全校による生徒会活動です。3年生に感謝の気持ちを伝えたり，3年生から中学校の伝統や文化を引き継いだりと，中学校としても大変意味のある会です。ここでのがんばりが，4月からの最高学年としての生活につながります。自分たちでやりきったという達成感を得られるように，生徒同士の話し合いの機会を大切にしましょう。教師は見守りに徹し，ここぞというときだけ，前に出るようにしましょう。

2 3年生と交流する機会を意図的に設ける

　この行事が3年生とともに活動する最後の機会になる場合も多いでしょう。つまり，3年生の姿や言葉から学ぶことができる最後の機会になるということです。ですから，卒業生を送る会以外にも，3年生と交流する機会を意図的に設けることが大切です。例えば，3年生と掃除，給食配膳，合唱などにおいて一緒に活動する，3年生に中学校生活の成長を語ってもらうなど，工夫して機会を設定できるとよいでしょう。

令和○年度　卒業生を送る会

【第1部】

ねらい
中学3年間を過ごした先輩から，
・中学生活で学んだこと　　・最高学年として大切にしてきたこと
・後輩に伝えたいこと　　　・自らの先輩から引き継いできたこと　など
を直接「聞く」ことで，今後の中学生活への見通しを確かにするとともに，先輩になる
立場として，自分自身を成長させたいという意欲や先輩になるという自覚を高める。

プログラム
1　はじめの言葉　　　　　　2　会のねらい　　　　　3　3年生の語り（10～12人　1人3分）
4　質疑応答・感想交流　　　5　おわりの言葉

【第2部】

ねらい
　3年生が大切にしてきた「3年生から引き継ぐ文化」と1・2年生が大切にしていく「新たに残す文化」を全校で共有することで，各学年の財産や中学校の文化，自分たちの成長に誇りをもつ。

司会　2年
1　はじめの言葉　2年（　　　）　　　　　　2　会のねらい　　2年（　　　）
3　各学年財産発表（1年生→2年生→3年生）　4　文化（取組）結果交流　2年生より
5　3年生へ贈る言葉　　　　　　　　　　　　6　3年生代表の話
7　感想交流　　　　　　　　　　　　　　　　8　全校合唱
9　生徒会長の話　3年（　　　）　　　　　　10　おわりの言葉　2年（　　　）

卒業生を送る会のプログラム例

合唱の文化を引き継ぐための最後の全校合唱

教室トーク
「3年生になってもみんななら大丈夫！」

1 話し始める前に

　1年生の手本となり，3年生を支えてきた2年生としての「学級納め」。学級の仲間，先生との最後の日です。期待と不安が入り交じった1年生と違い，中学校生活に慣れ，見通しをもち，主体的に活動を行ってきた2年生だからこそ，学級に愛着をもつ生徒も多くいるでしょう。

　その主体性を最後まで大切にして，学級解散式を学級の企画委員を中心とした生徒たちに任せてみるのもよいでしょう。準備は2週間くらい前から，事前に3つくらい以下のような条件を与え，生徒たちの手でつくる会にできるとよいでしょう。

①1年間学級で大切にしてきたことを学級解散式でも大切にすること
②どの仲間も1年のがんばりを実感でき，笑顔で学級を締め括ることができるようにすること
③3年生への決意が感じられるような会にすること

　もしかすると，生徒たちが担任へサプライズをしてくれるかもしれません。そのときは大いに喜び，生徒たちとともに笑顔で学級を締め括りましょう。

2 トークの概要

①教師から学級への感謝の気持ち
②学級との別れの大切さ
③3年生になってもみんななら大丈夫

3年生になってもみんななら大丈夫！

> まず，皆さんに伝えたいことは，感謝の気持ちです。先生は，いつもみんなのがんばりに励まされてきました。体育大会では，○○さんの「○○○○」というあのひと言で，学級が元気を取り戻しました。合唱祭では，△△さんの何度も練習に取り組む姿が学級に勇気を与えました。…一人ひとりのかけがえのない姿，そしてそれに応えていく仲間の姿。思い出していくと，きりがありません。そのどれもに先生も励まされ，今日を迎えることができました。2年○組のみんな，本当にありがとう。

　生徒のがんばる姿が教師を支えていたということを，具体的な事実と感謝の言葉で伝えましょう。

> この学級は今日で終わり，4月からは，それぞれが新しい学級で中学校の顔である3年生になります。もしかすると，ずっと今の学級のままがいいと思っている人もいるかもしれません。でも先生は，そうは思ってほしくありません。この1年間で学んできたことを次のステージでも発揮して，義務教育の集大成である3年生でこそ一番輝いてほしいと思っています。

　3年生こそが義務教育の集大成であることを伝え，そこで活躍することこそが大切であると伝えましょう。

> 3年生になることは不安ですか？　そんなことはありません。皆さんは，この1年間で，（全員で乗り越えてきたこと）という事実を残してきたではないですか。そして，本気で仲間と関わることの大切さも学んできました。これは，学年が変わっても，変わることのない価値ある財産です。この財産を知っている皆さんであれば，3年生になってもきっと今以上に輝けるはずです。胸を張って3年生になってください。

　学級が残してきた事実を認め，3年生に向かう生徒の自信につなげます。

学級活動

> ポイント
> 1 別れの演出から次への希望をもたせる
> 2 3年生に向けた決意を引き出す工夫をする

1 別れの演出から次への希望をもたせる

　2年生は，中学校生活にも慣れ，見通しをもち，自分たちで主体的に活動することができる学年です。それだけに，生徒は学級の仲間と様々な試練を乗り越えてきたという達成感をもっていることでしょう。

　しかし，3年生こそが義務教育の出口であり，生徒にとって一生の思い出になるような1年間です。そこで，思い出の映像を見直すなど学級としての別れの演出をしながらも，3年生へ向かう夢や決意も大切に指導していきましょう。

2 3年生に向けた決意を引き出す工夫をする

　では，具体的にどのようなことをすればよいのでしょうか。例えば，2週間くらい前から，思い出のある学級掲示を外していき，4月の教室に戻したり，朝や帰りの短学活で一人ひとりが仲間への感謝と3年生への決意を語る場を位置づけたりするなど，「環境面」と「心情面」の両方からアプローチしていくことで，2年生の学級への別れと，3年生への決意をつくっていきます。

３年生への決意

２年　　組　　番　名前（　　　　　　　）

【３年生への決意】

【そう決意した理由】

３年生に向けた決意を記入するワークシート

３年生への決意

仲間，先生への感謝　⇒　自己有用感

自己の成長の実感　⇒　自己肯定感

心に響いた仲間の思いや姿　　自分のがんばり

２年生の事実（自分や仲間，学級の成長）の確認

２年生の締め括りのイメージ図

教室トーク
「『主体的に学習に取り組む態度』ってなんだ？」

1 話し始める前に

　2年生になってから通知表を渡す際に話題にしてきた評価の観点は今回が最後になります。その観点は「主体的に学習に取り組む態度」。3つの中で最もわかりにくい観点です。従前の「関心・意欲・態度」とは考え方が大きく変わっているので，丁寧に説明する必要があります。

　この評価は，①知識及び技能を習得したり，思考力，判断力，表現力等を身につけたりすることに向けた粘り強い取組を行おうとする側面と，②その粘り強い取組を行う中で，自らの学習を調整しようとする側面という2つの側面から評価します。ノートやレポート等における記述，授業中の発言，振り返りが書かれているポートフォリオ等からそれらの評価を進めていることを，生徒にわかりやすく伝えていくことが大切です。

2 トークの概要

> ①「主体的に学習に取り組む態度」の観点の確認（興味をもたせる）
> ②どんな評価項目なのかの確認（内容を考えさせる）
> ③「主体的に学習に取り組む態度」の観点の内容把握
> 　（何をどう評価されているかを伝える）
> ④3年生での学びに向けて
> 　（この力をどのように育て活用するかを考えさせる）

「主体的に学習に取り組む態度」ってなんだ？

> 今配付した通知表の中に各教科の観点別評価がありますね。その中に「主体的に学習に取り組む態度」という項目があるのがわかりますか？

観点別評価の「主体的に学習に取り組む態度」に着目させます。

> この項目にある「主体的な学習」とはどのような学習のことかわかりますか？　自分から「問い」を立て，見通しをもって学習に臨み，自ら問題を解決しようとする学習のことを指しています。さて，皆さんの今年1年間の学びは主体的だったでしょうか？

よく使われる「主体的」という言葉ですが，生徒は「自主的」「意欲的」という言葉と同じに考えています。その違いを含めてこの機会に確認することは，3年生の学びに向けて大きな意義があります。

> この観点での評価は，主に2つの側面から皆さんの態度を評価しています。1つ目は「粘り強さ」です。これは「知識及び技能」「思考力，判断力，表現力等」を身につける際に，粘り強く取り組む積極的な姿や試行錯誤する姿を指しています。2つ目は「自らの学習を調整する力」です。自らの学習状況を把握し，学習の進め方について試行錯誤するなどの姿を指しています。

「粘り強さ」と「自らの学習を調整する力」という2つのキーワードを出し，ノートやワークシート，レポート等の記述や授業中の発言，ポートフォリオ等を参考にして評価していることを伝えます。

> さて，来年度はいよいよ3年生。この「主体的に学習に取り組む態度」が皆さんの学習を大きく推進していきます。心の準備はできていますか？

3年生の学習は自身の進路決定に大きく関わるということを意識させ，次年度への心構えをつくることが大切です。

通知表

所見文例

●自分に自信がもてるようになった生徒

> 　学級役員に推薦されたことから，自分に自信がもてるようになり，学校内外のボランティア活動に積極的に取り組みました。特に，あいさつ運動での活躍には目覚ましいものがありました。

　生徒の日常生活の中の変化を見逃さず，さらなる自信をもたせるような励ましの言葉を記述することが大切です。

●創意工夫の力が顕著な生徒

> 　3年生を送る会の実行委員として，これまでの方法にこだわらず，斬新な考え方でステージパフォーマンスを企画，演出することができました。よりよいものを追い求める姿勢と創造性は見事なものでした。

　このような行事に関わる記録を蓄積するシステムを，校内に構築することが大切です。

●友人との関係に悩んでいた生徒

> 　1年間を通して友人との関わり方を考え，自分を見つめ直すよい機会になりました。自分らしさを失わないことが最も大切です。

　悩みは自分自身を成長させる糧であることを意識させることが大切です。

●道徳的な意欲や態度が育ってきた生徒

　　自由と責任や節度，節制について考える学習を重ねることにより，他者の考えに流されず，主体的に判断することの大切さに気づき，責任をもって行動しようとする道徳的な意欲や態度が育ってきました。

道徳性の成長を道徳性の諸様相から評価することが大切です。

●部活動の中心となって活躍した生徒

　　3年生引退後の美術部における絵画の共同制作では，積極的に自分の考えを出し，協力して作品をつくり上げることができました。

部活動では3年生引退後の生徒の心身の成長を評価することが大切です。

●卒業式で在校生代表として活躍した生徒

　　卒業式では，学校生活の規律を守り，生徒同士が高め合う校風を大切にしていきたいと在校生代表として送辞を述べることができました。

卒業式の準備や運営で活躍する多くの姿を把握することが大切です。

●体育に苦手意識をもつ生徒

　　体育の授業では，できるようになるまで何度も挑戦し続ける意欲的な態度が見られました。この粘り強い学習姿勢が必ず成果を生みます。

結果や成果よりも，学習のプロセスを評価することが大切です。

●総合的な学習の時間に伝統的な文化に興味をもった生徒

地域や我が国の伝統や文化をテーマとした学習を行う中で，地域の芸能文化や風呂敷などを扱った教材に強い関心をもち，探究学習を通して地域の伝統芸能を守っていこうという実践意欲をもつまでになりました。

単元を通して活動の様子を見取り，主体性を評価することが大切です。

●サポート役に徹して行事を盛り上げた生徒

最後の学年レクリエーションでは，学級役員のサポートを進んで行い，大声で仲間を応援し，学年の絆を深める活動に大きく貢献できました。

目立たない場所での活動から生徒の可能性を引き出すことが大切です。

●地域での活動で活躍した生徒

地域の防災訓練に進んで参加することにより，地域との連携の大切さに気づき，地域の一員として活動することの意義を学びました。

地域の活動での様子を把握することで，多面的・多角的に評価しています。

●清掃活動に真面目に取り組めない生徒

卒業式の準備や片づけでは精力的に活動する姿が立派でした。その姿勢を日常の清掃活動にも反映させると，さらなる成長が期待できます。

できた事実を認めつつ，今後の改善に期待感を込めて記述します。

●分け隔てなく友人関係を築ける生徒

　スキー研修の班編成の際，調整がうまく進まない状況を察し，自分が進んで移動することで解決を図ることができました。分け隔てない友人関係をつくり上げている○○さんの人柄のすばらしさを感じました。

　１つの場面を具体例とし，生徒の行動全般を認め励ます記述が大切です。

●学習態度に変化が見られ始めた生徒

　自分の進路に対して具体的な目標をもち，学習に対する姿勢が大きく変わってきました。毎日の自主学習への取組がその意欲を表しています。

　この時期の生徒は受験を意識して学習態度に大きな変化が見られ始めます。

●探究心が育ってきている生徒

　数学や理科の授業後に，自分の力を伸ばすために，より難解な問題に挑戦しようとするなど，探究心が育っています。

　主体的に取り組む学習姿勢は，３年生に向けて特に重要です。

●自己肯定感が低い生徒

　この１年での自分の成長を一枚ポートフォリオで確認してみましょう。多くの仲間が○○さんのその成長を認めています。

　客観的にポートフォリオを確認することで自信をもたせることが大切です。

教室トーク
「期待に応える姿を見せよう！」

1 話し始める前に

　２年生の修了式では，次期最高学年としての決意を姿で表すことが大切です。１年間の成長を見せ，自分たちの姿から次の３年生としての期待感や安心感を感じ取ってもらうことが大事です。

　修了式へ向かう前の学級での事前指導では，上記のことを十分に伝えたり，生徒同士で話し合ったりすることにより，一人ひとりの修了式へ向かう気持ちを高めましょう。事前に，学級委員や企画委員と打ち合わせを行っておき，彼らから，他の仲間へ思いを語るというやり方もあります。そして，卒業式等で３年生が２年生（在校生）に残した言葉なども，これからの学校を引き継ぐ２年生にとって，大きな財産になります。もう一度，その言葉を思い出してみるとよいでしょう。

　気持ちをつくったら，それを姿で表すことが，後輩である１年生のよき手本となったり，憧れとなったりします。また，この２年生が新しい学校の未来をつくっていくのだという期待にもつながります。

2 トークの概要

①３年生がいない修了式の意味
②修了式へ向かう気持ちづくり
③卒業生のメッセージの確認

期待に応える姿を見せよう！

　これから２年生としての修了式に向かいます。これまでの修了式との大きな違いは何でしょうか（数人指名する）。そうですね，これまで学校を力強く牽引した３年生の姿はもうありません。これには，どんな意味があるでしょうか。いよいよみんなが最高学年としての姿を示す番がきたということです。修了式での入退場や話を聞く姿勢を，１年生や他学年の先生方は期待をもって見ていると思います。２年生の姿を見た人たちの期待が，来年度の希望となるようにしっかりやりとげたいものですね。

　３年生がいないという事実を確認し，２年生を見る視線が，次期３年生を見る期待の視線に変わるということを押さえます。

　では，それぞれどんな気持ちで修了式に向かいますか？　少し時間を取りますので考えてみてください。
　（数分後）では，みなさんの考えを聞いてみたいと思います。（数人指名し，考えを聞く）
　先生は，○○さんや△△さんが言ってくれたように，２年生を見る人たちの期待を裏切らずに，１年間の成長を姿で表すことが大事だと思います。

　個々で考えたことを全体で共有します。時間がなければ，事前に学級委員などから思いを聞いてもよいでしょう。

　卒業式で３年生が在校生に言った言葉を覚えていますか？（数名を指名するか動画等を見せる）そうですね，彼らが語った言葉の中には，みんなへの感謝と期待のメッセージがありました。この修了式は，今はいない３年生へ，２年生の決意を伝える場でもありますね。

　卒業した３年生に思いを馳せ，３年生の思いも受けて，修了式に臨ませます。

修了式

> ポイント
> 1　入退場の姿で期待感と安心感を示す
> 2　話の聞き方を指導しておく

1　入退場の姿で期待感と安心感を示す

　修了式は，３年生の卒業式後ということもあり，１年生と２年生しかいません。そのような形で行われる１年のまとめの式では，１年生や他学年の先生たちに，「今度の３年生は期待できるな」「安心して学校を任せられるな」という気持ちになってもらいたいものです。まずは，入退場の姿で，心地よい緊張感を演出したいところです。式に向かう前には，学級の生徒たちに，入退場のどこにこだわるかを意識させ，整然とした入退場ができるようにしておきましょう。

2　話の聞き方を指導しておく

　式が始まったら，話を聞く姿勢で最高学年になるという意識を示したいものです。学級の生徒たちに，式で前に立って話す人（校長先生や生徒指導主事，生徒代表）への目線の位置を指導しておくとよいでしょう。また，心に残るキーワードを３つ覚えておくなど学級の約束をつくっておくとよいでしょう。式後の学級活動では，つかんだキーワードを交流するとともに，聞く姿をしっかりとほめましょう。

修了式の自己評価

年　組　名前 _____

【式に向かう気持ち】

※式が終わった後に，□にチェックを入れましょう。

（修了式での姿）

□足音にもこだわった入退場

□話している相手のおでこを見て話を聞く（目線）

□話している相手の話をうなずきながら聞く（反応）

□教室を出てから，戻るまで私語をしない

（話された内容に関わって）

□話している相手が何を伝えたいのか考えながら聞く

【修了式の話から，心に残ったキーワード等】

□話された内容から，自分は何をしなければならないかを考える

【修了式の話を聞いて，自分が取り組むこと】

修了式の自己評価シート

【執筆者一覧】

玉置　　崇（岐阜聖徳学園大学）

山田　貞二（岐阜聖徳学園大学）

福地　淳宏（岐阜聖徳学園大学）

芝田　俊彦（愛知県小牧市立応時中学校）

波多野真嗣（愛知県小牧市立応時中学校）

土井　佐織（愛知県犬山市立犬山中学校）

平松　賢人（愛知県小牧市立応時中学校）

安形　直樹（愛知県犬山市立犬山中学校）

鹿糠　昌弘（北海道美唄市立美唄中学校）

林　　雄一（愛知県一宮市立浅井中学校）

平　真由子（金沢工業大学）

西本　　壇（愛知県春日井市立知多中学校）

比嘉　　英（沖縄県今帰仁村立今帰仁中学校）

北島　幸三（沖縄県今帰仁村立今帰仁中学校）

横山　雄作（北海道岩見沢市立清園中学校）

増田　千晴（愛知県犬山市立犬山中学校）

坂東　俊輔（岐阜県瑞穂市教育委員会）

井嶋　　潤（岐阜教育事務所）

【編著者紹介】

玉置　崇（たまおき　たかし）
岐阜聖徳学園大学教授

山田　貞二（やまだ　ていじ）
岐阜聖徳学園大学准教授

福地　淳宏（ふくち　あつひろ）
岐阜聖徳学園大学准教授

中学2年の学級づくり　365日のアイデア事典

2024年3月初版第1刷刊　©編著者　玉　置　　　崇
　　　　　　　　　　発行者　藤　原　光　政
　　　　　　　　　　発行所　明治図書出版株式会社
　　　　　　　　　　　　　　http://www.meijitosho.co.jp
　　　　　　　　　　（企画）矢口郁雄（校正）大内奈々子
　　　　　　　　　　〒114-0023　東京都北区滝野川7-46-1
　　　　　　　　　　振替00160-5-151318　電話03(5907)6701
　　　　　　　　　　ご注文窓口　電話03(5907)6668

＊検印省略　　　　　　組版所 株 式 会 社 カ シ ヨ

Printed in Japan　　　　　　　　ISBN978-4-18-254222-0
もれなくクーポンがもらえる！読者アンケートはこちらから→

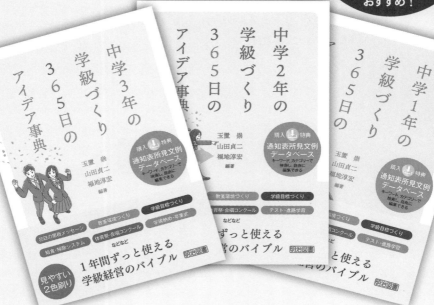

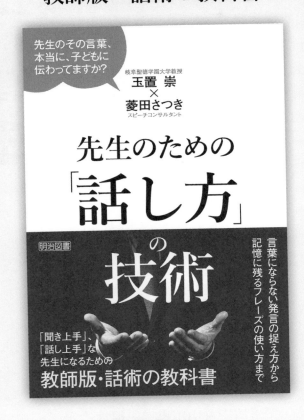

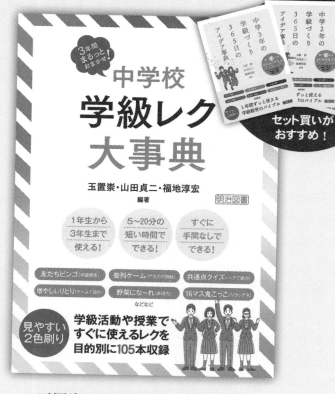